教職員が育つ 学校づくりは人づくり

教頭・副校長が 必ず 押さえて おきたい ポイント

野口みか子

全国公立学校教頭会顧問
元横浜市公立小学校長

 教育開発研究所

はじめに
教頭・副校長として奮闘される皆様へのメッセージ

　3年前に新型コロナウイルス感染症が世界中に広がり、人々はあまねく困難な状況に陥りました。広がったはずの世界が再び壁ではばまれ、人としての在り方すべてを深く考える機会を意図せず得ることとなりました。さらにはこのさなかに大国が戦争を始め、与えられた壁の意味をさらに深く考えさせられることとなりました。私たちの「教育」はこれでいいのかと。

　どんな状況下であっても、どんな世界であっても、よさと課題の両方あるのはごく自然なことです。子どもたちが生まれや育っている状況で差別されることなく、学び努めることができる場・人に恵まれ、与えられた生を人々のために生き抜く幸せを享受できるのも、ごく当たり前なことのはずです。しかし、当たり前だからこそ簡単ではないのです。身の回りの自然のありようが示すように、自然は多様性と複雑性に満ちています。生物（人々）はその自然の中で互いを生かし合うように生き抜いています。わかち合い、支え合い、折り合いをつけて、道理の通りに（頼り合い、歩み寄り合って）。そこには嘘やごまかし、傲慢はありません。私たち人間もその自然の中に在ることを何度も何度も折にふれて確かめながら生き抜いていくことを求められているように感じています。

＊　　＊　　＊

　さて、学校とはいったい何なんでしょう。私たち教師にとってではなく、子どもたちにとって、そして一人一人の子どもにとってです。私は何度となく管理職試験を受けましたが、そのことを一度として尋ねられたことはありません。しかし、この問いは子どもを主体とする学校をつくるうえで最も大切なことではないでしょうか。この問いを基底に置くことが管理職として不可欠なのだと思います。

　子どもにとって「学校とは何なのか」を学習指導要領の言葉をそのまま使うのではなく、眼前に広がる今の学校状況を多面的に捉えて、体験・経験に裏打ちされた自分の言葉にしてみます。何のために・何をなすこ

とが、子どもが自ら幸せになる力をつけていくことになるのかと考え、悩み、問い続け、繰り返し言葉にしてみる必要があるのではないでしょうか。

＊　　　＊　　　＊

　個別最適な学び、GIGA スクール構想など学校に求められる指導技術、学習環境改善、管理・運営が増える一方、働き方改革の名のもとに労働時間管理が厳しくなっています。そして多様な状況にある教師が働きやすくなる制度改正は少しずつ進んではいるものの、欠員の代わりを担う者の配当がないことが当たり前になっている現状が学校運営、教育活動の質の維持をむずかしくしています。

　そのようななかにあるからこそ、人材育成は重い教育課題であり、一朝一夕には対応することのできない、長期的視野に基づいた広範にわたる育成計画を必要とする大きな課題でもあります。天然資源の乏しい日本にとって、人材は人財であり、多様な人間のありようを認め、豊かな人財を育成する教育こそが国を豊かにする礎となります。教育課題は学校教育のみが負うものではありませんが、義務教育の果たす役割は大きなものであることを自覚しなければなりません。

　学校現場での人材育成は、国をつくる人材の育成に直結します。人材育成をリードする教頭・副校長、校長は「日本の国づくり」に、大きな影響を及ぼし、その社会的役割は想像以上に大きなものであることを再認識する必要があります。

＊　　　＊　　　＊

　「管理職になったら 180 度意識を変えなければならない」。

　副校長になったばかりのころ、先輩に言われたことです。当時は意味がわからず、ただ単に学級担任とは違う存在にならなければと考えて試行錯誤していました。副校長職の意義を見いだすことができなくなっていた私は、それまで大切にしてきた指導経験を生かして、子どもと先生の役に立つ自分でいたいと考え、「悩み相談」は続けていましたが、次第に自分の存在意義すらわからなくなりました。

　もがき続ける毎日のなかで、困り感をうまく表現できない子どもたちが、私とかかわることで元気を取り戻していく姿にふれてはしばし悩み

を忘れさせてもらっていました。それは担任時代に感じた喜びそのもの
でしたので、自分を取り戻せる時間でした。また、配慮を要する子ども
への指導に悩みを抱えている教職員の話を聞き、よさを認め、ちょっと
した指導の工夫を伝えると、晴れやかな表情に変わっていく様子に励ま
されたりもしていました。

　そして、児童生徒理解に立った指導を通常の学級でも個別支援学級で
も行えるよう、具体的な指導改善について担任たちと話し合いながら進
めていくと、次第に学級集団がまとまりを見せ、担任も自信を回復して
いきました。そうすると、児童生徒理解が進み、子どもの愛らしさが話
題の中心となり始め、同時に教職員同士の理解も進んで人間関係も良好
になっていったのです。このとき、「私は子どもたちの先生になりたいと
思って教師になった。その思いを捨てる必要はないのだ」「子どもと大人
の違いはあっても人を育てる仕事に変わりはない」と、やっと副校長と
しての存在意義について考えを整えることができたように思います。

＊　　＊　　＊

　こうした経験を経て、学校は人が育つところ、子どもも大人も、人と
共に多様な経験を積みながら学ぶ楽しさを味わい、自分の道を自分で拓
いていく力を伸ばしていけるところにしたいと考えられるようになった
のだと思います。

　子どもだけでなく、教職員も育ちを感じられるよう、教頭・副校長と
して一人一人の今ある姿を大切にしながら人材育成に力を注ぎ、一流の
心をもった先生をできるだけ多く育てていきたいと考えるようになりま
した。なぜなら、それが多くの子どもたちを救うことにつながり、子ど
も自身が自ら幸せになる力をつけていくことにつながるからです。

　私の副校長生活はけっして順調だったとは言えません。怒鳴られたこ
とは何度もあり、そのたびに落ち込み、悩み、使命感も揺らぎ……。でも、
いつも近くにいる教職員に声をかけてもらい、心を救ってもらってきた
ように思います。真摯に取り組む教職員がいてくれて、彼ら彼女らが変
わらず子どもたちに誠実に向き合う姿に励まされてきたと思います。

　だからこそ、教職員一人一人が安心して自分の思いや考えを伸びやか
に発揮し、子どもたちのための教育活動を主体的に創っていくことがで

きるよう、教頭・副校長が努めることを忘れてはならないと思うのです。学校にかかわる子どもも大人も幸せになるように。

＊　　＊　　＊

　本書は、教育開発研究所発行の月刊『教職研修』で2019年4月号〜2021年3月号までの2年間にわたり連載した「学校のここに活きている！ 副校長・教頭の実務講座」「副校長・教頭の人材育成講座」をコロナ禍の状況に合わせて加筆修正し、単行本化にあたり新規テーマを書き下ろしてまとめたものです。

　前述のように私は器用に仕事を進めることができたわけではありませんし、いわゆる「いい副校長」ではなかったと思います。しかし、将来のある子どもにとってどうするのがよいのかを悩み続け、子どもを支える教職員とどう向き合えばよいのかを第一義として仕事を続けてきました。言い換えると、子どもたちに伝えてきたことを自ら覆さない、子どもたちに言い訳をしない、子どもたちに恥じることがないようにと考えてきました。

　ですから、人様から見たらもう少しうまい方法があるのではないかということもたくさんあったと思います。でも、不器用な私でもできたことです。本書では、不器用な私が失敗してやり直したり修正してもっとよくなった経験や、多くの人を幸せに導いたりすることができると考え直したことに基づいて、「教頭・副校長として必ず押さえておきたいポイント」を記述しました。学校の中で人材育成をリードする教頭・副校長先生が、「国をつくる意義ある仕事をつかさどっている」というプライドをもって学校運営にあたることを応援したいという思いを込めて書きあげました。悩んだときに本書を開いて事に向かう思いや考えを整えていただき、人材育成に柱を置いてプライドをもって重責を果たしていく力づけができたらこの上ない喜びです。拙著が皆様の傍らに置かれ、時折開かれて、仕事の意義や意味を考える助けとなり、一服のお茶のお供にしていただき、自己回復するお手伝いができますことを願っています。

2023年3月
野口みか子

CONTENTS

Chapter 3
職員室の担任

Chapter 4
場面別・対象別人材育成

Extra
あなたのチカラはどのくらい？
［教頭・副校長検定］

おわりに
―― 学校づくりとは教職員を守り育てること

スキマ時間に耳から学べる！
本書のオーディオブックを書籍購入者特典割引価格でご購入
いただけます。サンプル版のご試聴およびご購入は表紙裏の
QR コードをご参照ください。

Chapter

1

教頭・副校長としての
心構え

ひと・もの・ことを調整する

☑ 調整して安心・安全な組織をつくる！

　学校は、学校経営の中に学級経営・教科経営・学年経営・保健室経営などのさまざまな分掌があり、多様な教職員たちの力が集まって成り立っている組織です。そして子どもたちに質のよい教育を提供していくにあたり、学校教育目標の達成に向けて全教職員が共通理解のもと、指導・支援に取り組み、業務遂行していくことを基本としています。

　しかし、教職員一人一人にはそれぞれの思いや考えがあるので、会議で検討、共通理解を図ったからといってそう簡単に実際の指導で目標を柱とした実践がなされるわけではありません。取組期間が長かったり、かかわる人が多くなればなるほど、なおさら共通理解が生きているとは言えなくなったりします。そのため、教頭・副校長として、**教職員間や分掌ごとに課題等を調整し、目標や目的に沿った取組ができるようにしていく**必要があります。調整がうまくいくと、教職員の取組への達成感が高まり、その後の仕事や課題解決への意欲が向上します。このサイクルをつくると、お互いを生かし合う望ましいつながりが広がり、教職員が育つ安心・安全な組織へと高まっていきます。

　私自身、副校長のころはいったい1日にどれくらいの人と応対していたのかその日の人数を記憶できないほど、多くの人とかかわっ

ていたように思います。教職員・PTA役員・来客・業者・子ども・校長……、皆がそれぞれのタイミングで自分の報告・相談・指示を伝えにやってきます。

　最初は、教諭時代には経験しなかったことばかりで大変だと思いますが、ここが教頭・副校長として力を発揮する要所だと心得てください。つまり教頭・副校長が多くのひと・もの・こととかかわって調整を図ることが、安心・安全な組織をつくる要（かなめ）となるのです。調整を主体的・意図的に行い、学校に安心感や充足感を広げ、教職員や保護者・地域の方々に頼られる教頭・副校長になりましょう。

☑ 校長と教職員をつないで調整する！

　「調整」を辞書で引くと「物事の調子の悪いところを整えたり、過不足に手を加えて、全体として釣り合いの取れた望ましい状態にすること」とあります。まさによい組織をつくるため、多方面にわたって活動する教頭・副校長の仕事そのものです。

　皆さんは担任のころ、双方の子どもの意見を聞いて調整をされていたと思いますが、対象が教職員等となると意外に一方だけの情報で判断してしまうことが実は非常に多いのです。「一方聞いて沙汰するな」を貫くよう細心の注意を払ってください。とくに不均衡が生じている案件において、双方の話を聞かずに調整はできません。

　調整を必要としている状態は、糸がこんがらがって固く丸まってしまっているか、緩みすぎて結び目が外れそうになっているかのどちらかです。双方の話を聞きながら真意を探り、何のためにするのか目的への理解を促し、糸をほぐしたり結び目を結び直したりしながら、当事者同士で折り合いをつけられるようにしていきます。

　教頭・副校長が直接調整することが多いのはPTAや地域などの課題であり、主な調整の対象となる人は主幹教諭、教務主任、事務職員、

用務・調理員などの分掌の代表者たちです。この教職員たちが校長の学校経営方針を理解し、主体的に学校運営に参加できるように調整していきます。

　しかし校長の方針がすべて明文化されているとは限らず、学校経営方針が抽象的だったりして、具体的方策と結びつけて実践されていることは多くありません。つまり、詳細は校長の胸の内にあるのです。ですから、教職員と校長をつないで調整する教頭・副校長として、とにかく**校長と話す**ことが大切です。校長と話す時間はさまざまなことが見えてくる大切な時間です。多忙を極めるなかでも、ここは意識して、お茶でも飲みながらリラックスして校長と話す時間を定期的にとり、真意の理解に努めてみてください。

　ひと・もの・ことを調整するとは、人の思いや考えを受けとめ、折り合いをつけ、よさを生かして質の高い活動や仕事をつくることです。学校にかかわるすべての人の幸せを育むために教頭・副校長だからこそできる重要な仕事であると肝に銘じて取り組んでください。

☑ 調整の話し合いをとおして教職員を育てる！

　では、具体的に考えてみましょう。

　たとえば、教職員から相談をもちかけられたら……命と人事にかかわる急務がなければ、第一優先で相手の目を見て話を聞いてください。急務がある場合は「あとで」などのあいまいな返答はせず、話ができる日時を明確に伝えます。またどんなに忙しくてもパソコンのモニター等に目をやりながら聞くようなことは絶対にしてはなりません。そして「ここでいいの？」などと教職員が話しやすい場で聞きますという意向を示してください。教頭・副校長席だと、教職員は立ち、自分は座る位置関係になり、場の設定として望ましくありません。適切な場が設定できたら、はじめに「大切なことだか

らメモを取らせてください」と断りを入れたうえで、教職員の気持ちに共感しながら話をよく聞いて記録もします。最後まで話を聞いたら解決したい問題と解決のイメージの共通理解をしてください。

　双方の思いや考えの食い違いが背後にあると感じたら、相談者の話に正当性があってもその場で沙汰をしないことです。即答を避け「相手方の話も聞いてみます。話が聞けましたら、私からお声がけします」と両者の話を聞くことから始めるという態度を明確に表しましょう。この積み重ねが双方からの信頼をつくり、自身の冷静な判断につながります。意見がまったく異なる場合は、根拠となる事実を調べて問題解決の落としどころと方法を三者で決めていきます。

　話し合いの場では、調整役がすぐに答えを出さないことが基本ですが、相互に Win-Win となるような解決策は準備しておきます。そして建設的に問題解決がなされるよう話し合いを導きます。教頭・副校長が決めたことをやるのではなく、**教職員たちが自ら決めて実行していくことで責任感が生まれ、一人一人の問題解決力が伸びる**のです。

　ここまで述べてきたように、教頭・副校長は調整をとおして、教職員一人一人の成長と結びつきを確かなものとして、安心・安全な組織をつくります。加えて、教頭・副校長がいなくても、教職員が自律的に調整していくように促していくことも欠かせません。人を幸せにし、自分も幸せになる活動・仕事をするようにしていくことが調整の意義だと教職員に理解させるのです。

　子どもも大人も安心できる安全な学校の実現には、全教職員の調整力を伸ばすことも必要です。調整力は事実を把握する力、情報から真意をつかむ力、双方の真意に配慮して問題解決の方向を示す力で構成されます。これらは児童生徒理解・指導を基盤とした学級経営や、失敗や再挑戦などの体験・経験から得られ培われます。「なすことによって学ぶ」を旨として大いに場を与えていきましょう。

校長の補佐

> ☑ **校長とは異なる重要な役割を担っている！**

　教頭・副校長の職務のひとつに「校長の補佐」があります。校長の職務全般を補佐していく大事な仕事ですが、そもそも「補佐」とはどんな意味でしょうか。

　辞書には「相手に何かしら力を貸して助けること」「他人がうまくいくように取組に加わるさま」などと書かれています。

　「助ける」「加わる」ということは、主に対して従と感じることもあります。主たる人がうまく事をなし遂げられるようにするため、従う人は主たる人の言動の意図を理解して取組を遂行して助けていかねばなりません。取組のひとつひとつに主たる人の意図が貫かれるように配慮し、事の達成に向けて自らも参画していきます。

　このように教頭・副校長は、学校教育目標達成のため、校長の意図を捉えて学校運営をしていく役割を担います。しかし、言葉の意味から再考すると、校長と教頭・副校長の関係においては必ずしも主と従とも言えないと私は思います。

　最終的な責任は主たる人である校長にあるとはいえ、**「補佐」をするには、豊かな経験に裏打ちされた深い洞察力、問題解決力を必要とします。広い視野や多様な問題解決に関する知識・技能、人とのつながり、適切な判断力、そして人を思う情などが欠かせません。**

　教頭・副校長の役職は校長の部下ですが、目的に向かって事をな

す力はけっして下に位置づくものではなく、校長とは異なる重要な役割を担っているのです。ぜひともプライドをもって「補佐」にあたってほしいと思います。

☑ 校長との共通理解がすべての基盤となる！

　教頭・副校長として補佐の役割を果たすには、子どもと教職員のよさや課題を多面的に把握することが欠かせません。校長の学校経営方針を理解し、充実した学校運営を図り、さまざまな課題解決をしていくにあたって、学校を構成する人たちの理解や人材育成の方向性・方針を校長と共通理解することがすべての基盤となります。

　皆さんは、子ども・教職員理解について、さまざまな場面をとおして校長や教職員と意見を交わしていくことになると思います。

　「共通理解」するのは実際にはたいへんむずかしいことではありますが、互いの捉え方を認め合うのは可能です。教頭・副校長として、**校長の子ども・教職員理解の内容を把握して自分の捉え方との相違を整理し、補佐する姿勢を決めていく**ことが大切です。

☑ 校長と共通理解した内容を教職員に伝えていく！

　たとえば、学校の課題解決に取り組む際に、教頭・副校長としてどのように動き、校長の補佐をしていくかをご説明します。

　まず校長と共通理解をしたら、課題解決に向けた取組を教頭・副校長が中心となってリードします。

　打ち合わせに教職員がかかわる場合は、内容によって主幹教諭や担当分掌のリーダーを含めます。校長同席のもと「問題は何か」「何を目的として、問題をどのように解決するのか」を検討していきます。ここで校長と教頭・副校長が共通理解した内容を伝えることで、

実務を誰が統括するのかが明確になるようにして、堅固な組織体制を確立していくことにもつなげます。**校長には事前に内容説明の補足を願い出ておきましょう。**校長の方針のもと、当該案件が重要な課題解決に位置づけられていると教職員に示すことができます。間接的ではありますが、これが「補佐」するということです。

☑ 教職員との共通理解も欠かせない！

　校長への積極的な補佐を行うためには、教頭・副校長の意図を理解し、実務を推進していく教職員の協力が必須です。その際に信頼関係が必要となるのは、皆さんは当然お気づきのことと思います。それに加えて主幹教諭を中心とした各分掌のリーダーとの情報・意見交換をしていきます。公式の会議・打ち合わせや日常での会話を大切にしながら協力を求めます。

　そのうえで、問題の軽重、与えられた時間によって、誰に・何を・どのようにやってもらうかを熟慮し、課題解決に取り組む教職員とゴールの姿を共通理解します。「何のために、何を解決しなければならないのか」、意義と目的を共有し、**具体的方法は教職員一人一人の力や持ち味に任せ、主体性をもって課題解決にあたることができるようにしていきます。**経験や力量の違い、組織を生かしながら課題解決を成功に導くために、ゴールするまで責任をもって教頭・副校長がプロデュースしコーチングしてください。

　このときに「あとはよろしく」ではなく、教職員がどのような思いや考えで解決にあたろうとしているのか、どんな方法やスケジュールで解決しようとしているのか、主幹教諭などに任せきりにせず、教職員の話を聞き取っておくことも大事です。必ず進捗状況を確認しながら、困り感にも寄り添います。すると組織の課題解決能力が高まり、教頭・副校長への信頼も高まります。

校長が補佐役に最も望むことは、部下からの信頼が厚いことです。担任経験を生かして、積極的補佐に果敢にあたってください。

☑ 課題を解決しながら人材育成を図る！

補佐をしていくうえで、校長や教職員との共通理解の他に次の2つのポイントがあげられます。

ひとつは、自らの考えをもって積極的・主体的に問題解決にあたること。学校運営上の課題を校長に報告する際、課題だけを伝えるのでは学校運営の改善には至りません。自分で考えた課題解決方法と合わせて意見具申をしましょう。ぜひとも自分の考えをもって校長に提案しに行ってください。

もうひとつは、組織を生かした課題解決の方法を重視して補佐にあたること。校長の学校経営方針を受けた学校運営のためには、組織的取組による人材育成が欠かせません。

教頭・副校長の課題解決への取り組みをとおして、組織が有機的に機能し、人材が育っていくことが最大の目的と言っても過言ではないと思います。教頭・副校長が目立つのではなく、**教職員が主役となる学校運営を積極的にしかけていきましょう**。そのためにミドルリーダーを主軸としてみてください。ミドルリーダーは分掌の代表を務め、誰がどんな力を発揮できるか実務をとおして捉えています。チームで課題解決にあたる経験を積むことでリーダーとしての力をさらに伸ばせます。

学校課題を解決しながらの人材育成は、まさにピンチをチャンスに変えることなのです。その過程をとおして教職員一人一人に力をつけて「学校力」を上げることで、豊かな学校運営を実現する根幹がつくられてきます。

これこそが校長への積極的な「補佐」です。

教頭・副校長の働き方改革

☑ 自身の働き方改革を成長の機会とする！

　かつて10年ほど前の教頭・副校長は、朝7時前に出勤し夜9時過ぎに戸締りをして退勤するのが当たり前のような働き方を求められてきました。「校庭に鍵が落ちていました」「苦情の電話です」「会計簿の書き方がわからない」……、配慮を要する子どもの指導、PTA対応、保護者対応、学校納入金の管理、教育委員会への提出文書、来客へのお茶出しなど、枚挙にいとまがありませんでした。

　そのころに比べると、今は教員免許状が無くてもできる仕事を行う職員を雇い入れるなどの改善がなされ、電話やインターフォンの呼び出しに対応しなくてもよくなるなど改善が図られています。

　しかし、教頭・副校長の仕事量が減っているわけではなく、まだまだ改善が必要な状態です。なぜ、教職員の働き方改革と同じように進まないのでしょう。働き方改革の名の下、教職員を早く帰すため、教頭・副校長が遅くまで残って仕事をしていませんか。

　教頭・副校長としての仕事の質を向上させるため、次に赴任する人のため、そして後進のためにも、自身の働き方改革に取り組んでいかなければなりません。

　まず、教頭・副校長の働き方改革は、校長のリーダーシップのもと、全教職員で取り組む学校運営の改善が必須です。管理職業務を含む学校運営業務の理解、見直し、そして**学校運営の課題と改善方針を**

全教職員で共通理解することが大切です。何よりも学校運営の課題を把握しないことには働き方改革は実現できません。そのうえで、今できる改善を進めながらしっかりとした長期計画（3年が目安です）を立て、教職員と協働して一歩一歩改善を進めていきましょう。

　教頭・副校長の働き方改革はモデルの少ない取組ですが、それだけに大いに創造性を発揮できるチャンスでもあります。「もっとこうだったらいいのに……」と考えてきたことをぜひ実現してください。ここでの経験はあなたが将来、校長になるときに求められる、一人一人の教職員を大切に育みながら教育活動の質を高める学校経営力の向上につながります。人をつくり学校をつくる教頭・副校長として、果敢に挑戦し自己成長を図ってください。

☑ 管理職の仕事への理解を促す！

　教頭・副校長の働き方改革に取り組む前に、全教職員に校長、教頭・副校長がどんな仕事を担っているのかを理解させていくことが重要です。「今までは副校長先生がやってくれていた」「自分もさんざん教頭としてやってきたから頑張ってやるべき」といった考え方の転換をしかけていきましょう。

　教頭・副校長の働き方改革は「これまで主義改革」と言ってもよいものです。前例踏襲に陥りがちな学校において、とても刺激的で大きな挑戦です。成功に導くカギは、**管理職の理解者・協力者を着実に増やす**ことです。そして前述のとおり、教頭・副校長の働き方改革は、学校運営改善の過程でこそ実現できるものです。全教職員と共に学校運営改善を図るなかで、教頭・副校長業務への理解を深めさせて初めて形になります。

　まずはミドルリーダーの理解が得られるよう、丁寧な話し合いを重ねます。管理職の仕事への理解を深めることが、理解者・協力者

を育てると同時に次期管理職を育てることにもなります。ミドルリーダーたちはまさしく次期管理職候補です。今後、自分たちが就く仕事の理想形を創る千載一遇のチャンスであるということを捉えてもらい、創造的改善を推進してもらいましょう。

☑ 全教職員で課題を共有する！

　全教職員に学校運営の課題把握と改善を促すにあたり、最も丁寧にすべきことは課題の共有です。たとえば、教科指導で簡単な言葉による問題文だから子どもたちは全員理解しているだろうと思っていると……そんなことはなく、それぞれの受けとめがあり計画していた授業展開はできなかった、ということはどなたも経験されていると思います。これは大人でも同じです。大人の場合はそれぞれの体験に異なる感情と言葉を結びつけて記憶しているので、同じ言葉を見聞きしてもイメージが異なっていることがより顕著に表れます。
　課題のイメージと解釈を共有しておかないと、新たな問題や混乱を引き起こすもととなり、解決の目標や方法の理解もすべてばらばらになってしまいます。だから**記録や調整が必要**なのです。**課題解決にあたる前に、教職員個々の認識の違いをできるだけ解消する**ことで、教職員の主体性を重視した学校運営改善につなげます。

☑ 改善に向けて早期に取り組む！

　さまざまな場面でPDCAが謳われています。PD（計画・実行）は簡単に行われるものの、CA（評価・改善）を行うのに大変な時間を要しているのが現状です。何らかの外圧がかからない限り、改善実行までに大変な時間を要するのが当たり前になっていないでしょうか。これを抜本的に見直して早期実行に移すことが、校長、教頭・

副校長を含む全教職員の働き方を改革する勘所です。

　たとえば年度末実施が通例になっている学校運営改善の話し合い。それを**ミドルリーダーを中心とした組織「働き方改革委員会（仮）」で早期に検討し、運営改善に生かします。**

　「働き方改革委員会」を立ち上げるときには、今ある校務分掌を生かし、そのリーダーのなかからミドルリーダーや次期ミドルリーダーを委員とし、プライドをもって学校運営改善に取り組めるような配慮をしてください。そして、改善・改革が着実に実現していく充足感を味わえるように支援・指導しましょう。

☑ ICT を活用して業務改善を図る！

　昨今、教職員作成文書の確認は教師力育成の観点からも重要度が高まり、負荷が大きくなっている仕事のひとつです。そこで**取り入れたいのが業務改善ソフトウェア**です。このソフトでは、児童生徒の基礎情報である学級名簿、住所録、保護者名、写真、評定、児童生徒理解関係情報などを一括管理し、関連づけたり、項目ごとに児童生徒の個人情報を整理し直したりすることもできます。学籍関係の児童生徒数、家庭数、兄弟関係はもとより、学級編制カードに必要な項目ごとに個人カードを写真入りで作成することも簡易にできます。点検の済んだ文書を教職員が容易に閲覧でき、活用もスムーズです。学籍関係書類の点検は各担任の正しい入力により不要になりますし、お金に関係する家庭数の間違いもなくなります。

　このように、情報の集約と活用が円滑になり、教職員の業務改善が進みます。文書作成・点検を本来行うべき担当者の実働時間を保証することも可能になり、教頭・副校長の業務もかなり軽減されます。前年度中に、「働き方改革委員会」にソフトウェア導入の予算計画を立てさせ、教職員の共通理解のもと実施していきましょう。

Chapter

2

....

教頭・副校長の職務

教職員の育成

☑ 人材育成をとおして自身の力も伸ばしていく！

　教頭・副校長職に就く前、皆さんは、児童生徒理解に立った授業を中心として、一人一人のよさを生かし、集団での協働をとおして、目の前の子どもたちのもてる力を最大限に生かし伸ばす学級・教科経営に力を発揮してこられたと思います。

　しかし、教頭・副校長になった今、これまでとは意識を転換して、管理職として振る舞わねばと意を決して務めていらっしゃる方も多いと思います。時に、学級・教科担任としてのキャリアがどう生きてくるのかわからなくなり、教頭・副校長の仕事や自分の存在意義が何なのかもわからなくなることがあるのではないでしょうか。

　でも、ご心配なさらずに。皆さんが児童生徒を指導するなかで培ってきた、**人を理解し個を大切にしながら集団の力を借りて一人一人の力を大きく育ててきたキャリアは、教職員の育成に存分生かすことができます。**

　どの業種でも言われるように、管理職にとって最も大切な仕事は人材育成です。教頭・副校長は「職員室の担任」とよく言われますが、その理由の柱となるのが教職員育成です。

　「職員室の担任」として教職員を育て、職員室経営・学校運営に取り組み、ご自身の管理職としての力も伸ばしてほしいと思います。どのように取り組んでいけばよいか、一緒に考えてみましょう。

☑ 教職員理解・評価を行い協働意識を醸成していく！

　まずは、**一人一人の教職員の状況を多面的に捉える**ことから始めましょう。皆さんがこれまでの教員生活で、児童生徒に対し同様に行ってきたことです。

　校内・校外での担当業務とその内容、職員室内での人間関係における位置づけ、授業力、学級・教科経営の状況、業務上の目標（今年度の目標）と具体的取組。そして、心身の健康状況、家族状況（人権上の配慮を忘れずに）、キャリアステージとめざす仕事、困り感など。これらを日常業務のなかで、できるだけ多面的に捉えることを基本に、学級経営案や自己観察書（業務評価に関する書類）などに基づき、一人一人との正式な面談を重ねてより丁寧に把握していきます。

　２つめは、**「人はなすことによって学ぶ」という原則を忘れずにあたる**ことです。私たち管理職は、研究者を育てるのではなく、実践者を育てているのです。職員室や会議の場では適切な話や理路整然とした意見を述べることができる教職員が、じつは実践力が未熟だったということはよく見られる現実です。「言うは易く行うは難し」「有言実行」を肝に命じて、**教職員の今を適切に評価し、指導・助言していく**ことを管理職は忘れてはならないと思います。

　３つめは、**教職員相互のかかわり合いを創り出し、互いの学び合い・教え合いを活発にする**ことです。教頭・副校長として、教職員間では解決できない諸課題について、他者と協力・協調して解決する機会をつくるよう指導・助言を行い、協働意識をもたせ、結びつきを強くしていきます。教職員同士の適切な関係づくりに取り組む過程で一人一人の教職員とのかかわりが深まり、教頭・副校長との信頼関係がつくられていくのです。

☑ 教職員に関する情報を見取っていく！

　では、教職員への理解をどう深めていったらよいのか。具体的な取組をご紹介します。

　まずは、教職員名簿・勤務記録カードなどを見直して教職員の年齢・職歴などを確認します。

　次に、校内組織表や校務分担表、各分掌の記録から仕事分担の確認をします。

　さらに自己観察書や面談から、仕事の詳細やその年度の仕事に対する自己目標、将来の目標、学校運営についての考えを話題にしていくとよいと思います。

　そして忘れてはならないのは、困り感や配慮事項を改めて聞きとることです。もちろんこの面談をするまでに、本人の努力の姿や課題、困り感への気づきをできるだけ見取っておくことが大切です。しかし忙しい教頭・副校長職ですから、**100％完璧に！ などと考えずにある程度把握できたらそれでよし**とします。

　日々の業務のなかで、教職員が作成した会議資料に目を通したり、発言を聞いたりすること。また、教職員同士の会話を聞いたり、休憩時間や親睦会などで誰とどんな会話をして過ごしているかを見たりして、**日ごろから状況を見取っていく**ことが大切です。

　そして、朝晩の校舎内外の点検時に子どもの作品や教室環境、花壇や校庭などに目をやり、子どもの思いや願いが生かされ、子どもたちが情緒を落ち着かせて学べているかを見取りながら**教職員の努力を捉えておくことが信頼関係を築くポイント**です。

　これらの観察から捉えたことを、簡単に記録しておくことも忘れずに行っていきましょう。一人につき１枚の個人カルテのような記録を作成すると、変化・変容も捉えやすくなります。

☑ 校長と協力して意図的・計画的に行う！

　教職員の育成においては、校長と教頭・副校長が、教職員一人一人の仕事に対する思いや願いを共通理解し、キャリアステージに応じて具体的な目標を実現できるように、両者が協力し合って支援・指導することで本人の成長を促します。

　また、年間スケジュールに位置づけて意図的・計画的に育成することも欠かせません。個々人の課題を踏まえ、全教職員の共通課題とキャリアステージごとの課題に整理し、**育成目的に応じてグループ編成を工夫して研修を行う**ことをお勧めします。

　上位のステージにある教職員がリーダーとなり、若年層のグループ研修を行ったりすることも、主体的な学びや協働的な学びを活発化させることになります。

　また、私たちは実践者を育てているのですから、日常業務のなかで実践をとおして育成すること、すなわち OJT（On the Job Training）で教職員が育つことを心に留めておく必要があります。そのためにも校内組織の工夫は欠かせません。日常業務をとおして実践力の向上をねらえる組織編成はどうあればよいのか、教頭・副校長としての考えをしっかりもっておきましょう。**校内組織や校内人事は人材育成の基礎となる**のです。

　最後に加えておきたいのは、他者の力を借りるということです。人材育成上の課題を踏まえて人を選び、校内で管理職を含む全教職員を対象に研修を行います。その道のプロや、異業種の方、学識経験者、当事者など、さまざまな経験を積んでいる方から学ぶ機会を得るのです。この共有体験が教職員間の結びつきを強くします。教職員間の心のつながりは安心を生みます。安心できると、一人一人のよさが明らかになります。すると、自信が育まれてきます。

　心のつながりをつくることを大切にして、育成にあたりましょう。

組織づくり

> ☑ **自校の現状を踏まえた組織をつくる！**

　組織づくりについて、皆さんはどのような課題を感じていますか。私は管理職として10校ほどの小中学校を経験し、学校種の違いこそあれ、どの学校組織にも大きな違いはなかったと感じています。公立学校としての使命を果たすために、どうしても同じような組織体制になるということもありますが、実はこれが大きな課題なのではないかと思います。

　子どもや教職員の実態、学校課題はもとより、昨今はフレックスや短時間勤務等の勤務時間、非常勤講師等の多様な職員の配置など、学校ごとに環境は異なります。それなのに、どこの学校も同じ組織体制のままでよいのでしょうか。

　学校における組織の最終目的は、校務分掌ごとに学校教育目標達成に向かって学校の課題解決を果たすことです。そのためのさまざまな取組をとおして教職員の成長と組織の強化を図ります。

　ここで型通りの同じような組織をつくるのではなく、**地域との関係や働き方改革、自校が抱えている喫緊の課題などを組織づくりの視点に入れていく**ことが重要です。こうすることで教職員の意識が変わり、組織的・計画的に問題解決にあたる意識を掘り起こせます。組織の在り方は学校によって違うのだと教職員に理解させていくのも管理職の仕事です。

教頭・副校長には、**自校の現状を踏まえて組織を見直す視点をもっていただきたい**のです。あわせて組織運営についても考えてみてください。どんなに立派な組織をつくっても、機能しなければ意味がありません。人間の体と同様に、組織は動くことで機能を発揮し強化されるのです。組織づくり・組織運営は子どもの課題解決につながることを自覚し、ひと・もの・ことの調整を図り、教頭・副校長としてしっかりとかかわっていきましょう。

> ☑ ミドルリーダーを成長させる機会とする！

　組織づくりは、学級経営での係活動・当番活動の指導に似ています。皆さんご存知のように、本来、係活動・当番活動は、学級目標達成に向けて、日々の学級生活の質を向上させていくためにどんな活動が必要かを考えて立ち上げてきます。子どもたち全員が自分のよさを生かして何らかの役割を担い、チームを組んで学級づくりに取り組んでいくための活動です。大人と子どもの違いはありますが、指導・支援の根幹は変わりません。

　組織づくりや組織見直しにあたり、趣旨や目的が学校の課題解決に沿っているかどうかを確認します。次に、主幹教諭がミドルリーダーとして学校課題解決にあたれる役割に就いているかを確認します。学校によっては主幹教諭が少なく、チームを統括することができない状況かもしれません。その場合は、次期主幹教諭候補を据えて育成を図るか、経験豊富な教職員に担ってもらい、間をつなぐ調整役として活躍してもらうことも有効です。

　こうした取組には教頭・副校長が**ミドルリーダーたちの連携をつくる**ことが欠かせません。各分掌組織の課題を出し合い、検討・調整して問題解決を進めていくことで、ミドルリーダーの主体性が発揮され、組織運営が活性化します。また運営課題や悩みを教頭・副

校長が理解し相談に乗ることで安心感をつくり、健全な組織運営を力づけていきます。

具体例をあげてみましょう。

夜間に行われる地域の自治会会合に小学校校長・副校長・主幹教諭が出席しているが、学校と地域の連携に関する話は年２回程度なされるだけで、子どもに関する話もない。校長等は挨拶のみであとは自治会の話を聞くだけだった。自治会会長も校長の出席に疑問を感じている。

そこで副校長が中心になり、学校と地域の連携について自治会会長と話し合い共通課題をピックアップ。明らかになった課題の解決にアプローチする校務分掌組織「地域連携部」を創設し、教職員と地域が協力して課題解決にあたれるようにした。地域連携部の部長には主幹教諭を充て、部内での話し合いや共有をもとに、課題や意見を直接地域に伝えられるようにした。副校長はこの取組を教育的価値の側面から支援している。

すると、地域とともに子どもを育てる活動が次第に充実していき、地域の方による小学１年生の学校生活支援ボランティアや学校花壇等を活用した学習を支援するボランティアが立ち上がった。立ち上げに地域コーディネーターも入ることで、学校と地域の枠組を整え、Win-Win の関係が維持できる体制改善も行った。

一方で多岐にわたる業務を管理する部長（主幹教諭）には負担がかかり、さまざまな課題を抱えることが想定されたため、経験豊富な教務主任（主幹教諭）に全分掌のまとめ役を担ってもらうようにした。各分掌の部長の相談を受けたり、情報を集約できるように全体の組織を組み直した。公の部長会は開始当初、円滑な運営がなされるように毎月一度の開催を基本に情報交換と課題解決を目的に開催した。

実際には部長会の機会のみならず、日常的に教務主任に相談が

もち込まれ、連絡・調整が頻繁になされて強くしなやかな組織になっていった。

☑ 組織づくりと運営をとおして育てる！

　学校課題の解決や学校運営の改善を組織的・計画的に行う際、目的とすべきことは児童生徒の望ましい成長の姿です。それには教職員の成長が欠かせません。教職員が学校課題の解決などをとおして、子どもの見方を学び、指導力や組織的に学校運営に取り組む力を高めることで教育の質が向上していきます。子どもたちの成長のために学び成長し続ける価値を、なすことで実感し、充足感や喜びを得ながら自己成長を果たしてこそ、学校は学び舎となりうるのです。

　とくに組織づくりにおいては、教職員同士の良好なかかわりのもと、OJT の質が向上しないと結果が出せません。さらに組織づくりと運営を担う教頭・副校長とミドルリーダーが「組織とは人を育て協働して学校課題解決をなし遂げるもの」という方針を共通理解しておくことも不可欠です。

　教頭・副校長はミドルリーダーと協働しながら彼ら彼女らを育て、ミドルリーダーは各分掌の教職員を育てます。**全教職員がそれぞれの立場で人材育成に努め、互いに高め合っていく**ことが望まれます。

　しかし、実際は、目の前の仕事に忙殺され、一人一人の教職員が仕事をとおしてどう成長したか、あまり頓着しないまま学校運営がなされてはいませんか。教職員が仕事をとおして成長し、自分の生き方を拓いていく意欲を高めてこそ、組織として人材育成の責任を果たしたことになります。

　このことを肝に銘じて、機能が発揮される組織づくりと運営に取り組んでみてください。教職員が育ち、学校が変わっていく充足感をミドルリーダーと共にぜひ味わってみてください。

文書の作成・処理

☑ 確実な文書作成で信頼を得ていく！

　文書の作成・処理は、教頭・副校長が１年間をとおして取り組む仕事のひとつです。とくに年度初めの４月から５月にかけては、教育委員会や文部科学省に向けた重要な提出文書を次々に、締め切りを厳守して作成しなければならず、他の業務と併せて遂行することに緊張が走る時期でもあります。

　学校運営の要(かなめ)として教頭・副校長席に座り、運営に直結する仕事をしたいと思っていたのに、息つく間もなく降ってくる雑務とも思える事務仕事をこなし、教職員の多様な報告・連絡・小さな相談にも応じていかねばなりません。はたまた外部からの連絡、電話、PTA役員などの保護者からの相談、来客対応などなど、落ち着いて事務処理をする時間が昼間になかなかとれる状況ではないなか、重要な文書が連続してやってきます。あまりにも多様なことが同時に発生し、大切な文書処理が思うように遂行できないと、自尊感情の維持さえむずかしくなることがあります。

　しかし、この年度当初の文書作成・処理は非常に重要です。**教頭・副校長としての信頼をつくり、広い視野に立って学校教育を捉えるチャンス**でもあります。困難な仕事ほど、自分を成長させます。また困難な仕事を、責任をもって行っていく姿こそが学校にかかわるすべての人の安心をつくり、信頼をつくっていくのです。

☑ 人事とお金で失敗してはならない！

　自治体にもよりますが、まず、学級編制に関する文書を４月５日頃までに教育委員会へ提出することになると思います。

　それに伴って、外国にルーツのある児童生徒（以下「外国人児童生徒等」）に関する調査など、児童生徒数を正確に報告する文書の作成があります。この人数調査は教育予算に大きくかかわる重要なもので、人事にも関係します。

　とくに、**通常の学級数や特別支援学級数にかかわる数を正確に出す**ことが大事です。それらは教職員の配置に関係し、各担任・養護教諭・事務・用務等の配当数を左右するため、人事措置上欠かせない情報になります。

　また、外国人児童生徒等については、国際教室担当教諭や日本語指導講師の要請にもかかわってきます。自治体によっては学級数にしたがって非常勤講師を配当し、教育活動の充実を図っているところもありますので、３月までに把握している仮の児童生徒数報告を確定させ、人や予算の配当を決定していくのです。

　学校にとって、学級数や児童生徒数などに対して教職員が十分に確保されることは、１年間の学校運営を左右する重大なことです。私がお世話になった校長先生から言われ、今でも仕事の助けになっているのは、「いろいろ失敗しながら覚えていくんだから失敗しても大丈夫！　でも、人事とお金に関することは失敗しちゃダメなんだよ」という言葉です。よって、この４月のはじめに出す学級編制にかかわる書類は、失敗してはならない書類と言えます。

☑ 教職員の協力と校長の確認が欠かせない！

　まずは、**教職員の協力を得る**ことが必須です。

提出書類の形式や項目に合わせて、調査用紙を作成し、通常の学級と特別支援学級の学年主任を中心に取りまとめをしてもらいましょう。その際、昨年度の「学校基本調査」を確認したうえで調査依頼をすることで、一定の手間が省けて教職員の業務改善にもなります。さらに、転出入に日付と児童生徒名を記載してもらうと、4月以降に届く文部科学省からの「学校基本調査」をはじめとした調査依頼の事務処理に活きてきます。このようにして、教頭・副校長の業務を速やかに正確に進めることにつなげていきます。

　特別支援学級の児童生徒数調査は、学年・男女・障害別に回答してもらう必要があります。さらには上記のように、個々の名前を記載してもらうことで、間違えを防ぎ、変遷を捉えることができます。

　そして、学級編制表ができあがったら必ず校長に確認し、完成させましょう。あくまでも**校長と確認するまでは未完成**と考えてください。そのときに、3月末までの学級編制表を資料として提示し、転出入や特別支援学級への転籍（入級）などを個々の名前をあげて確認し、数値を確定していくことで、仕事の確実性・信頼性を高めることができます。ひいては効率性も高まります。

☑ 教職員との信頼関係をつくる！

　ともすると、皆さんにとって学級編制にかかわる人数調査や作表は事務仕事のひとつにしか見えないかもしれません。

　しかし、4月の始業時、多忙を極めるなかでの教頭・副校長の仕事ぶりは、教職員の注目の的でもあるのです。**多忙ななかでこそ人となりが表れますから、信頼関係をつくる絶好のチャンス**です。

　教職員に調査への協力依頼をするとき、調査の意味や意義をしっかり伝えることで、業務理解を促すことができます。

　加えて、学年主任を中心として調査依頼をすることで、学年の組

織的運営を年度当初から具体的にイメージさせ、主任の役割意識を喚起させることにもつながります。今後、このように事務的な業務であっても、学年主任が取りまとめをして責任をもっていくのだという予想を抱かせることにもなり、組織的運営の兆しを捉えさせることができるのです。

　また、教職員が書いた予備調査の文字にも一人一人の仕事への向かい方が表れるものです。つまり、教職員を理解する資料ともなり得ると言えます。

☑ 「小さな始まり」を大事にしていく！

　「小さな始まり」には、大きな意味や意義があるのです。児童生徒数などを確認するこの一見小さく見える業務で、**教職員にも成功体験をさせましょう**。

　「大げさな！」と思われるかもしれませんが、忙しいなかでの教職員を思いやった調査協力依頼は、人材育成、組織運営、信頼関係構築の第一歩とも言えるものです。そのための丁寧な協力依頼が肝心です。

　教頭・副校長の指示による教職員同士協働しながらのささやかな業務。ここでしっかりとした第一歩を踏み出すことによって、教職員の安心を生み出していきます。小さく見えて実は重要な仕事である人数調査を、人材育成の視点から教職員に思いやりをもって丁寧に依頼し、正確にまとめあげる教頭・副校長の仕事ぶりは、校長にとっても安心感を得られる大きなものです。

　年度初めに教頭・副校長がどれほど忙しいかは校長もわかっています。多忙を極めるときこそ、信頼をつくるチャンスです！　元気に穏やかに、すべてのことは人とのつながりをつくるものであることを忘れずに、相手意識をもって業務にあたっていきましょう。

児童生徒理解と指導

> ☑️ **教頭・副校長が子どもの「支援者」を位置づける！**

　ここ数年、春は「気象病」を発症する時期という認知が高まり、気圧や気温の変化が影響して、さまざまな症状や病気の悪化、うつや不安症などを発症することも伝えられるようになりました。「気象病」は季節の変わり目だけでなく、1年をとおしてあります。ですから天候が不安定なときは、子どもたちの心身の揺らぎが大きいと心得て支援・指導するのが基本です。

　とくに新たな環境での生活が始まる年度初めは、子どもも大人も気候と環境の大きな変化を乗り越えながら、大型連休まで頑張り続けます。そして気温・湿度も増す連休明け、不定愁訴による登校しぶりを示す子どもが散見されるようになっていませんか。心身が揺らいでいる時期にダメージの大きいことが起き、適切な支援も受けられなかったら……、事は悪化の一途をたどることになるでしょう。

　人はどんなに苦しくても「支援者」を得ることで困難を乗り越えることができると言われています。未然防止だけでなく、子どもたちにとっての「支援者」をどう位置づけるかが肝要であり、教頭・副校長にはその役割が求められているのです。

　また、子どものけがや病気への対応も大事です。短時間のうちに適切な判断を必要とすることが多いため、**日ごろから小さな対応事案についても時系列で簡単な記録をとる習慣をつけておく**と、いざ

というときも落ち着いて対処できるようになります。

☑ 「支援者」としての教職員を指導する！

　不登校を例に考えてみましょう。３日間子どもと直接連絡がとれない場合は、担任と教頭・副校長で家庭訪問をし、本人の無事を実際に会って確認する必要があります。この手間をついつい省きたくなることがあります。しかし、この習慣をつくることで私たち教職に就く者、また保護者・家族の感度が上がり、一人でも多くの子どもを救うことにつながります。そして、子どもとその家族の状況について理解を深める力が教職員に養われる効果もあります。ですから、初めは少々大げさに感じるかもしれませんが、**丁寧に「３日間の習慣」をつけていく**ことが大事です。

　そして、まずは気にかかる子どもを優先させましょう。教職員と情報交換したうえで、連休などの長い休みの前後に、必ず子どもへアプローチさせます。気にかかる子どもが長い休みの間にどんな生活をしていたのか、休み前に立てた目標や予定の達成状況はどうだったか、本人を交えて保護者とともに振り返り、自己評価をして、次の目標を定めていくように教職員を指導していきます。

　この「支援者」としての取組を教職員が繰り返すことで、子どもや保護者が自分自身をしっかり見つめ、自分の生活をコントロールして目標に向かって生活する力を得られるようになります。そして、**目標のひとつに登校の継続が含まれるように導いていく**ことで、子どもが登校や学習の意味を確認することにつながっていきます。

☑ 教職員をしっかりと支援する！

　登校がむずかしくなる大きな原因のひとつに生活リズムの乱れが

あげられます。生活リズムの乱れはすべての不定愁訴の元凶とも言われます。私たち現代人が考える以上に、私たちは自然の一部です。朝は日の出に合わせて起き、昼間は白日の下で体を動かし、夜は一定の時刻になったら寝るという生理的リズムを重視して生活を維持し、心身の調子を整えています。このことを再確認、重視して生活リズムを正すことを保護者に促し協力を得ていきます。

とは言っても、なかなかむずかしいのが現状です。だからこそ、子ども本人を交えて、何ができるのか、スモールステップを組んで「できた」を重ねられるように、その子や家族の状況に合わせて目当てや約束を話し合って決めておくよう、教職員に指導しておきましょう。

さらには、その子を囲む**大人ができる具体的な支援内容も明らかにしておき、共に目標に近づいていけるようにする**のです。担任や担当者が信頼できる「支援者」となれるよう、教頭・副校長がしっかりとアドバイスして「支援者」である教師を支えることで、教職員も粘り強く児童生徒への支援を続けることができるようになります。教頭・副校長の支援が教職員の安心を生み、やる気を引き出します。

☑ 初期対応を重視して保護者との連携を促す！

課題を抱えている児童生徒対応では、問題が小さなうちに適切な対応を粘り強く丁寧に行い、早期解決に向かうことが一番です。つまり先手必勝！　初期対応が甘いと、大きな問題に発展してしまうのは間違いありません。「気にかかる」と感じたことは、適切に介入するよう教職員に働きかけましょう。

もうひとつは、必ず保護者と連携をとっておくことです。たとえば、子どもが自ら起こしたトラブルについて、**子どもが保護者に話**

すより前に、**教職員が保護者に事実と指導内容を伝えておく**ことが大切です。場合によっては、子どもを交えて保護者と三者で顔を合わせて話すことが必要です。保護者と共に子どもを支える「支援者」として、何をすることがベターなのかを考えて行動するよう、教頭・副校長から教職員に指導・助言することが子どもの健全育成に結びつくのです。

　昨今の家庭教育力や子どもたち同士の問題解決力は、教職員のイメージや期待とは大きく異なっていると認識することで、対応に丁寧さが生まれるはずです。保護者との信頼関係も深まります。

　「それは、親がやるべきこと！」という考え方は危険です。今の保護者の多くは子育てに大きな不安を抱えていること、ちょっとした失敗も周囲の保護者の批判の対象になるのではないかと不安を抱えていることを理解させ、**教職員は保護者の「支援者」でもあること**を先生方に伝えておきましょう。

　もうひとつ、外してはならないのは記録です。気にかかる子どもについては幼稚園・保育園、小学校との情報共有をしていると思います。子どもについて気になったことを短い文で記録しておくよう、担当者に指導しておきましょう。

☑ 児童生徒理解をとおして人材育成を図る！

　児童生徒理解は学校教育すべての基礎であり、根幹です。一人の子どもへの理解を深く多面的にして、関係者と共にその子の課題解決に迫る指導・支援をしていくことにより、教職員はチームで対応にあたる支援の仕方を学びます。

　こうして**教職員が実践をとおして悩み・学び続け、周囲からの助けを得ることで、児童生徒理解を深め、「支援者」としての力をつけていきます。**これこそがOJTの価値です。

外部機関との連携

☑ 児童生徒理解を深める！

　幼稚園・保育園、特別支援学校をはじめ、役所、児童相談所、療育センター、病院、警察など、子どもたちの安心・安全な生活や健全育成に向けて学校と共に力を合わせている機関はさまざまあります。外部機関との連携は問題行動、発達障害、児童虐待など、児童生徒理解・指導に深く関係してくる大切な取組です。教頭・副校長は、外部との窓口を担う連携担当者が置かれている場合は担当者を指導・助言し、担当者がいない場合は自らが窓口となります。外部機関との連携をリードする重要な役割を担っているのです。

　まず、外部機関との連携をする前に留意しておきたいのは、**子どもが抱えている問題の背景を学校でしっかりと捉える**ことです。子どもたちの理解をできる限り多面的に行い、問題発生に至った筋道を捉えて、外部機関との連携が必要かどうかを判断していきます。

　たとえば他者への寛容性に欠ける、人との距離が近い、暴力・暴言が目立つ、同じクラスの友達と楽しく遊べない、登校が不安定など、子どもの情緒や行動に関する課題にはすべて背景があり、学校や家庭での適切な支援・指導を必要としています。複数の教師、生徒指導担当者、教頭・副校長が日ごろから気にかかる子どもの様子を見て、毎月情報共有し、適切な支援・指導を重ね、問題発生に至らないようにしていくことが前提です。学校ができる児童生徒理解

に基づいて支援・指導を行います。

　しかし、学校だけでは問題解決ができない背景がある場合や、児童生徒理解をいっそう深めるためには、問題事案が生じていなくても外部機関との連携を進めていく必要があります。**子どもを理解する段階からの連携を積極的に行う**ことで、速やかで適切な協力、解決チームの編成、問題解決をすることができます。

> ☑ **外部機関の役割を正しく知る！**

　本項では教頭・副校長が外部機関との窓口となる場合でお話をしますが、連携担当者に指導・助言する際も考え方は同様です。児童生徒理解に基づいた学校運営を行うために、まずは外部機関が担っている役割を正しく知ることから始めていきます。発育・発達、教育、福祉のどの分野を担っているのか、子どもや家庭にどんな支援をしているのか、担当業務や支援内容の詳細を押さえます。自治体によって重点や支援内容に違いもあるので、それらを確かめながら連携を進めていきましょう。

　そして最も大切なのが、**細心の注意や配慮をして情報共有を図り、信頼関係を構築する**ことです。多忙な教頭・副校長ですから、メールや電話での連絡が中心とはなりますが、できれば直接、顔を合わせて話す機会をつくり、言外の表情・姿勢・声などから相手の思いをつかみ、心を交わします。信頼関係ができてくると、疑問に感じることや助けてほしいことなどを素直な言葉でやりとりできるようになり、相手の真意が理解しやすくなります。学校と外部機関とのつながりが確かなものになれば、支援を受ける子どもや家庭の安心感が高まり、心を大切にした適切な支援の実現につながります。

　外部機関との連携は結局、**人との連携**です。ひと手間をかけ、相手の心の理解を第一に、感謝の気持ちを伝えながら、共に進めてい

くことが大切です。人と人の心を結ぶ力は、教職に就いている全員に求められることです。この力を児童生徒指導担当者に実践をとおして高めさせ、全体化を図っていくとよいでしょう。

☑ 子どもを中心にして対応にあたる！

子どもをまんなかに置いた支援を基本方針とすることを外部機関と共通理解して連携を進めます。外部機関には日ごろから学校の取組や困り感を伝え、助言をもらうなど情報交換をしておきます。助言内容は担任とも情報共有します。このようにしておくと、仮に事案が発生したときに、経緯の共有がすでにできているため、適切な支援に結びつきやすくなります。情報共有が有効に機能するよう、事実確認をした正確な情報のやりとりを心がけることが大事です。

外部機関と情報を交換・共有するときは、誰と・いつ・何を話したのか、必ず記録を取るようにしてください。そして、記録をもとに次の情報交換までにどんな視点で子どもの状況把握をするのか、指導改善や支援体制整備の方向性について考えを整理しておきます。

連携担当者がいる場合は、情報交換等は口頭での報告と記録の提出を求めることで情報の抱え込みを防止し、情報交換に向けた事前の打ち合わせをします。取組をとおして連携の効果を実感させていくことで、担当者の主体性を引き出していきます。

☑ 解決チームを編成する！

児童生徒理解・指導案件は多種多様ですが、子どもの健全育成にかかわる課題解決を家庭だけに任せられないことは共通しています。子どもの支援＝家庭の支援なのです。学校と外部機関が行う支援の目的には、子どもへの直接の支援だけでなく、家庭が自立して子ど

もの健やかな成長を促す力をもてるようにすることも含んでいます。

　まず解決チームを編成して連携していきます。どのようなプロセスで・誰が・いつまでに・何をするのかを話し合います。どんな問題解決でも同じですが、まずは各機関がもっている情報を共有します。そして課題を出し合いすり合わせ、解決すべき課題の共通理解を早期に行い、対応にあたるようにします。共通理解がずれると、連携はうまくいきません。

　初期のチーム編成はコンパクトにスタートします。教育、福祉、役所が一般的です。情報交換等をするうちに、各機関がかかわっている機関からの情報を収集しながら、課題解決に必要と思われる他機関の協力を得られるようにし、解決チームを再編成していきます。

　そのうえで**解決チーム全関係者が参加するケース会議を開いて、課題の確認、課題解決の方針・イメージ・スケジュール（1～2ヵ月目安）、役割分担、連携の仕方を共有します**。またチームリーダーをどの機関が務めるのかも初回の会議で明らかにします。包括的支援を行う場合は、学校側がリーダーにならない方が適切な場合もあります。会議を経た後に合意形成するとよいでしょう。会議の最後には、次回のケース会議の予定を決め、分担した支援が確実に遂行されるように時間管理を確認します。

　ケース会議の司会は、連携担当者がいる場合は人材育成の観点から担当者に任せます。事前に会の終わりのイメージ、目的、合意形成したいこと、確認事項の順で担当者の考えを聞きながら打ち合わせ、それらのポイントをまとめたレジュメを作成するよう指示します。レジュメを参加者に配付して会議を進行し、必ず記録者を置いて、最後に合意形成事項を確認する時間を取るようにします。連携担当者がいない場合はこれらを教頭・副校長が担います。

　連携担当者が自分の考えをもって会議の準備を進めるよう促し、達成感を味わえるようにしていくことが大事です。

教育課程の充実・改善

☑ ミドルリーダーとの共通理解から始める！

　「教育課程」と聞くと、編成時期は気にかけるけどできあがれば
とくに気にすることもないと感じている方は少なくないと思います。
ところが実は、**教育課程は学校経営そのもの**であり、管理職の三大
管理（人、施設・設備、教育課程）のひとつでもある重要なものな
のです。学習指導要領改訂に合わせて10年に**一度編成して終わり
ではなく、編成を始まりと捉え、充実・改善していくべき**ものです。

　「理想はそうだけど……」と思う方もいらっしゃるでしょう。し
かし「理想と現実は違う」と言い訳して筋の通らぬことを積み上げ
てしまうと、次第につじつまが合わなくなってそこかしこに大小さ
まざまな言い訳を用意するはめになります。また、理想と現実を別
物にして実際にはできないという思考からは、創造的な改善方策は
生まれません。まずは言い訳をしてしまう管理職自身の弱さを認め、
受け入れることです。そのうえで教職員と共に教育課程の充実・改
善を図り、子どもの課題を解決していきましょう。

　教頭・副校長は学校の状況に応じて、校長の教育理念・方針のもと、
教育活動の効果を最大化させるために教育課程をマネジメントして
いく役割を担っています。私は最初に次の3点をミドルリーダーと
共通理解することをお勧めします。①前年度末にまとめた子どもた
ちのよさと課題、②当該年度の重点課題、③育てたい子ども像。

　学校にはさまざまな課題があって当たり前ですから、その年度に取り組む重点課題＝共通課題を決めて全教職員の力が集まるようにします。そのために各分掌の推進役で頼られる存在のミドルリーダーと互いの考えを理解することが欠かせません。

　教頭・副校長、ミドルリーダーが考える課題解決の具体的アプローチ、方法やステップ、組織運営について自分の言葉で語り合って理解を深めておきます。この**話し合いをしっかり行っておくことで、ミドルリーダーの自信と責任感が高まり、他の教職員に説得力のある語りができるようになります。**教育課程＝学校経営の根幹をつくる主体者として成長を遂げることができるのです。

　次に、ミドルリーダーを中心に各分掌での共通理解を進めさせ、その結果を教頭・副校長と情報交換・共有します。どんなことをなすにも、事実の多面的な把握は問題解決の精度を上げる基本ですから、ここは丁寧に行ってPDCAサイクルを回していきましょう。言わば、教頭・副校長は学校運営の「マネージャー」です。ミドルリーダーが捉えた問題を、機を逃さず共有して支援・指導し続けます。

　以上を踏まえて、教育課程の充実・改善を図っていきます。主体となるのは指導をつかさどる教職員と、指導・助言を行うミドルリーダーです。教頭・副校長はミドルリーダーの「コーチ」「チアリーダー」として進む道を共に考え、照らし、応援していきましょう。

☑ 教職員の学校共通課題への意識を高める！

　教育課程の充実・改善にはさまざまな方法があります。たとえば、主体となる教職員一人一人の実践や意見を全体の教育実践に反映し、教職員自らがPDCAサイクルを日常的に回して充実・改善を図る仕組みをつくることが考えられます。これを実現するには、教職員一人一人のニーズに沿ったものとすることがカギとなります。切り口

は多様ですが、学校の実態に合わせて、まずは**既存の仕組みを修正して改善するとよいでしょう**。課題解決の視点を焦点化すると抵抗感なく取り組めるようになります。具体例をあげてみましょう。

　教育課程の運営改善の柱に授業研究会を位置づけている小学校の例です。研究計画には教育課程・授業の改善を行う意義を記載し、全教職員が共通理解をしてから授業計画を検討できるようにしてあります。研究会では、単なる教科教育論で終わることがないよう、共通課題である児童の言語能力と問題発見能力の育成に迫ることを意識して協議を重ね、成果と課題をまとめて PDCA を繰り返します。

　公開授業前の検討では、焦点化した共通課題を視点として、どのように授業で言語能力と問題発見能力を育てるのか、教職員の知恵を集めてチームで授業計画を練ります。

　すると、事後の研究会が充実していきます。言語能力と問題発見能力を引き出せたか、子どもの力を伸ばす望ましい指導・支援はどうあったらよいのかといった話し合いが展開されると思います。子どもの活動や育ちに基づいて授業を振り返り、よい点と課題を明確にし、次に取り組む課題を見いだすことに教職員の力が注がれていきます。さらに、深い研究を重ねている方を招聘して指導・助言・評価をしてもらうと、教職員の意欲や研究の質が向上します。

　この他に、学校行事や学年行事の目標を共通課題の観点として計画・実践し、例に示した授業研究会と同じように振り返ることも有効です。**教職員が子どもの課題解決をするための共通課題を視点として教育計画や実践を見れるようになってくると、それぞれの考えで実践していたことがまとまり始め、学校教育目標をしっかり意識した教育課程の実践・創造へと進化**していきます。すなわち教育課程の充実・改善につながるのです。

☑ 教職員が自分の実践を語れるようにする！

　児童生徒理解に立った教育実践は学校教育の根幹であり、それを意図的・計画的・組織的に実施する指針・計画が「教育課程」です。子どもの課題解決のために教育課程の充実・改善を図り、学校教育目標の達成に迫るという筋の通った考えを全教職員に授けていく。教頭・副校長として大事にしたい人材育成のポイントです。

　教育課程の充実・改善とは、言わば子どもたちに誠意を示すことなのです。この認識もなく目の前の課題解決とは関係なしに計画(教育課程)に基づいた実践を淡々と進めているとしたら、子どもをないがしろにしていると言わざるを得ません。

　学校教育目標と子どもたちの課題解決を柱にして何のために何をなすのか、**自分の実践について語れることが説明責任を果たすということ**です。この責任はすべての教職員が負っています。

　しかし、現状はいかがでしょう。日々の授業・指導・支援の改善を積み重ね、説明責任を果たす力を伸ばすには、教職員が自己の課題に気づき、目標をもって主体的に学び続けるための環境設定が必要です。まずは校内で互いの実践を共通の視点のもと参観させ、指導の質を高めるために検討する機会をつくりましょう。そして、外部講師から質の高い評価・批評を受けることで、教職員同士では見えないよさや課題を知り、理解し、自己批判の力を伸ばします。

　自分のよさを育むには、不足や失敗を認識して自己課題を掴むことが欠かせません。日々の実践をとおして試行錯誤すること、失敗することが許容されてこそ、追求意欲をもって学び続けることができます。日々の実践を漫然とやり過ごさず、自分の弱みを知り、今日の自分より**明日の自分を高めようとする教職員の意欲を引き出す**ことが管理職の最重要課題です。大人も学びたがっている存在であることを忘れずに育てていきましょう。

行事の運営

☑ 行事が「教育活動」であることを肝に銘じる！

　行事というと、どこか色めいていて非日常感のあるイベントと感じてしまいがちですが、子どもたちの大きな成長が期待できる、学校運営にとっても重要な教育活動であることを忘れてはいけません。

　学習指導要領では、よりよい学校生活を築くための体験的な活動をとおして、集団への所属感や連帯感を深め公共の精神を養いながら、多様な他者と協働する意義や集団活動するために必要なことを理解・習得し、よりよい自己実現を図ろうとする態度を養うことが行事の目標として示されています。教頭・副校長は、**こうした目標の実現のため、学校教育目標に迫るための手立てとしてすべての教育活動がある**ということを認識して臨む必要があります。

☑ 何のために行事を行うのかを明確にする！

　行事は子どもたちの力を大きく伸ばすための重要な教育活動であるということを柱として、計画・運営していく必要があります。そのためには、担当者が作成した提案文書にしっかりと目を通し、それぞれの活動に掲げられている**「目標」が明確かつ適切かどうか確認し、指導していく**ことから始めなければなりません。

　「目標」とは、何のためにこの活動をするのかということです。

しかし、教職員からの提案文書では活動内容が目標と一致していないものが散見されるだけでなく、行事を含めたすべての教育活動の目標である学校教育目標にどのようにアプローチするのかが不明瞭なものが多いのが実情です。また、職員会議等で「目標は書いてあるとおりです。読んでおいてください」などと、しっかりとした意図の説明が省かれてしまうことも少なくありません。

　ですから、全教職員が行事を単なるイベントとしてではなく、**前後の教育活動の節目ともなる機会であることをしっかりと認識できるよう、「目標」を確認する**のです。そのうえで、活動内容が目標に迫るための内容になっているかを確認しながら、担当者を見守り、適時適切に指導・助言していく必要があります。

　例年どおりということで前年のものをコピー＆ペーストして資料を作成した結果、目標や今年度の子ども・教職員・地域・保護者それぞれの状況に照らして計画を見直した資料とならない場合が往々にしてあります。しかし、前述したように学校行事は、**何のためにこの活動を行うのかという「目標」を柱として、前回までの反省に立って実施されるべき**ものです。

　そのためにも、まずは校長と確認のうえ、とくに改善を必要とする内容の共通理解を図りましょう。そのうえで、担当者や担当分掌教職員が職員会議で提案する資料を作成する前に、計画立案するときのポイントとなることを伝え、教育活動として実効性のある立案の仕方を指導・助言しておく必要があります。

☑ 「人を大切に」連携の強化を図る！

　行事を教育活動として大きな成果が得られるようにする要素として、多くの人の協力を得られるようにすることも重要です。校内の行事運営であっても、地域への配慮や連携が必要なものが多くあり

ます。また、地域だけでなく、関係機関や施設との連絡調整など、多様な方々との連携も必要です。こうした**多くの方々との連携は、教頭・副校長の力の見せどころでもあり、教職員育成の絶好の機会**でもあります。

　「人を大切に」ということを肝に銘じながら、教職員指導にあたるとともに、率先垂範で関係者との連携・協力を図り、学校運営を充実させていきましょう。

　教職員が外部関係者との連携を図る場合は、**相手方との信頼関係を結び、教職員の社会性を伸ばす機会と捉えて指導・助言・支援していきましょう**。業者や地域の方いずれにも計画を立案する前に連絡をして、今年度の行事実施において協力を依頼したい内容、日時（時期）、昨年度の実施内容と異なる点を伝え、共通理解しておくようにすることです。この連絡は、基本的には会って話をするよう担当者に指導してください。こうしたちょっとしたことが、地域の方々の信頼度をぐっと高めます。そして、安定した地域連携を生み、目に見えない大きい成果を生むことを肝に銘じておきましょう。

　また、当然のことながら、地域やPTAの担当者が行事準備にいらしたときは、校長に連絡するとともに、必ず挨拶することを忘れないようにしましょう。終了後のお礼と報告も忘れずに。

　「人を大切に」は、外部との連携ばかりではなく、内部連携にも目をやることを忘れてはなりません。行事は教職員の協働で実施されるものですから、**行事実施計画資料の実施に向けた日程や仕事・指導の分担にはとくに注意する**必要があります。

　日程は他の業務との重なりなどがなく実行可能な計画になっているかを、担当者に教務主任と連携して確認させます。

　仕事の分担は教頭・副校長がつかんでいる教職員の状況から確認します。正規職員、臨時的任用職員、非常勤職員、事務、用務、給食の教職員の勤務条件などから、それぞれ担当できる仕事が異なる

ことをしっかり押さえながら誰もが気持ちよく自分の役割を果たし、協働してやり遂げられるように配慮します。非正規職員の勤務日・時間・勤務内容の一覧表をつくり、教職員が詳細を理解できる環境を整えましょう。

実施計画を作成する教職員は、子どもと担任たちを中心に実施計画を考えがちです。しかし、充実した教育活動実施のためには、担任以外の教職員との連携は欠かせないものであり、他の教職員への配慮・連携を忘れないように計画することで円滑な実施につながります。また、行事をとおして教職員のチーム力向上を図ることも重要なポイントです。教職員がチームを構成する一人一人の立場や仕事の範囲を理解することで他の教職員との信頼関係を深め、チーム力を高める基礎を固めます。

そして、**教頭・副校長が自ら担う仕事がある場合は、教職員に範を示す大切な機会**であるということをしっかりと心にとめておきましょう。とくに外部連携では相手方の立場で仕事を進め、学校への信頼を深める好機と捉えましょう。信頼が深まれば、さまざまなつながりが強化され、学校への支援がこれまで以上に集まり、学校運営もしやすくなります。

☑ 子どもも教職員も成長できる行事をめざす！

子どもも大人も行事をとおして協働することで、大きく成長する機会を得ます。教頭・副校長は、結びつきを強くし、チーム力を高めることに目標を置いて指導・助言、率先垂範していきましょう。

「人を大切に」「何のために」をキーワードとして、校内・校外の人との連携が行事の目標に向かってなされているかを見守り、時には手伝いながら達成をめざしてください。きっと伸びやかな子どもの活動が展開され、充実した行事を実現できることでしょう。

校内巡視

☑ **先手必勝で問題の芽を摘み取る！**

　1年のうち、とくに5月は新しい学級や学年の人との生活への不安や疲れ、大型連休中の生活リズムの崩れによる疲れ、そして春の天候変化などによる不調など、新年度明けの疲れが重なり、表に出てくる時期です。もちろん5月に限らず、どの時期でもトラブルは起こり得ますが、ここではとくに注意したい5月の連休を例にお話ししていきます。これは子どもだけでなく、大人である教職員や保護者にも同じように出てくるものです。教頭・副校長先生方も、年度初めの極めて正確な処理を要求される事務仕事をやり遂げ、どっと疲れが出てくるころです。

　すると、皆が不安と疲れのなかで物事を考えるので、適切な判断ができず、相手にイライラをぶつけたり・ぶつけられたりといったことが発生したりします。問題を大きく複雑にしてしまうことになりかねない時期でもあり、教頭・副校長としてさまざまな事前対応が必要となります。

　連休前は、連休明けに予想されることを想定して、**「未然防止」をキーワードに多面的な校内巡視を行ってひと・もの・ことに関する事実を把握し、先手必勝で小さな問題解決を重ねておく**必要があります。何をやらねばならないか、ご自身の学校に照らし合わせて考えてみましょう。

☑ 配慮を要する子どもの実態を把握する！

　第一に把握したいのは、子どもの様子です。しかし、これが教頭・副校長のひとつの壁でもあります。まして、赴任したてのときは職員室での業務に追われ、教室での子どもの様子を見に、授業参観がかなわないことも多いのではないでしょうか。

　まずはポイントを絞って、配慮を要する子どもの様子を捉えていきましょう。朝会の後に並んで教室に帰るときや給食・昼食の時間、体育の時間の様子を見たりすると状況把握がしやすいです。さらには、ロッカーや靴箱などの様子を見ることも重要です。

　これらを見ることで、子どもが社会性を捉えて集団に適応しているかどうか、社会規範をどう捉えているか、情緒の状態はどうかを推察することができるからです。

　朝や帰りの巡視では、教室に掲示してあるカード類の文字や文章、絵からも情緒の落ち着きや学力を推し測ることができます。また、児童生徒理解・指導用に撮った個人写真・集合写真も有効な資料です。視線に落ち着きはあるか、自然で柔らかく生き生きとした表情を浮かべて写っているかなどを視点として見ると、気にかかる子どもの様子がわかってきます。

　気にかかる子どもがいたら、担任とその子の様子について情報交換をしておきましょう。すると、徐々にその子どもや保護者の話が教頭・副校長に入ってくるようになります。

　学校運営の重要な基盤は子どもの実態把握です。実態に即応して日々の教育活動を行うことが子ども・保護者のニーズに応え、力を伸ばしていくことにつながります。さらには、不登校やいじめの未然防止に大きく寄与するのです。**教職員が見落としてしまう視点をこれまでの教職経験で身につけた洞察力を生かして教頭・副校長が補う**ことで、大きな問題に発展する前に、適切な指導やチーム対応

につなげることができます。

　さらに、気にかかる子どもの情報を多面的に集められるよう、日々の業務や打ち合わせ、職員会議などをとおして**教職員に子どもを見る視点を与えておきましょう**。そのときに気をつけたいのは、まずはよいことから伝えることです。「Ａさんの絵を見たら、明るい色調で、画面をはみ出すほど伸びやかに描かれていました。情緒が安定していて、自分を伸びやかに表現したいという思いがあふれています」などのように、教頭・副校長が何をどのように見ているのか・読み取っているのかがわかるように教職員に伝えてください。

　そして、教職員の具体的な指導のよさについては、まずは個々の先生と話し、安心感を与えてください。いきなり全体で話されることを嫌う教職員もいます。細心の注意が必要です。

☑ 施設・設備と教職員の状況を把握する！

　次に教頭・副校長として外せないのは、施設・設備の状況把握と対応です。とくに連休中の事故を想定しておくことが大切です。まずは使用しない電気機器のコンセントを抜き、火事を防ぎましょう。その他、電気関係の不具合が漏電につながるような恐れがないか、日々の点検で丁寧に調べておきます。それから施設・設備の破損を把握しておく必要があります。窓ガラスや鍵が破損している場合は、早急に修繕して不審者の侵入がないようにします。こうすることで、事件・事故を未然に防ぎ、保護者や地域から学校への信頼を厚くすることができるのです。

　施設・設備点検では、用務・事務・体育主任など各施設を管理する担当者との連携を図り、担当者から上がった修繕などの情報は必ず現場確認をして、すばやく返答することを心がけてください。自分が見つけた不具合などは、対応策とともに担当者に必ず伝えます。

すると、担当者の感度が上がり、未然防止の力が高まります。教頭・副校長の言動の一挙手一踏足が手本となります。

　また、生き物の世話についても確認が必要です。連休中も元気に過ごせるように理科主任などと相談して、教室で飼育している小動物や植物を職員室の近くに集めておくことを勧めます。そして、誰がどのように飼育管理するのかを確かめておきましょう。

　最後に教職員の状況把握です。教職員の体調が崩れるのもこの時期です。職員室に入ってきたときの表情やふるまいから心身の健康状況を気にかけ、**注意深く観察して適切に助言する**ことで連休明けも元気に教育活動にあたれるように支えましょう。

☑ 教職員に未然防止の視点を身につけさせる！

　「未然防止」をキーワードとすることで、危機回避能力・指導力を教職員に育成することができます。教職員が子どもの状況で「気になる」ことがあった場合は、児童生徒理解に基づいた指導の在り方について振り返り、深く考え行動する力を養う機会となります。連休前に保護者との連絡を必ずとっておくように教職員を指導し、保護者・子どもに安心感を与えておくと、保護者からの信頼感を高めることにつながります。不登校傾向のある子どもであれば、連休最終日に電話をして、スムーズな登校につながるよう、不安を取り除く会話を本人としておくよう教職員へ指導しましょう。

　施設・設備においては、連休前日に確認のポイントを明示して全教職員で最終点検を行いましょう。何をどのように見るのか、教職員一人一人が身につけていくことで、日々の安全への感度が上がります。**日々の危機管理は教頭・副校長一人で行うものではありません。全教職員が責任をもって行うことができる力を育成することが管理職の責任**です。

保護者対応

> ☑ 問題の明確化・焦点化を図る！

　私たち管理職は、人を多面的に理解し育てるプロとして、他者についての理解が完璧であるように捉え違いをしてしまうことがあります。ですが、私たちは万能ではありませんし、教職員ももちろん同様です。また、誰であっても、苦手と感じて心を平らかに保つことがむずかしい人と出会うこともあります。

　だからこそ、さまざまな保護者への対応は慎重にあたる必要があります。教頭・副校長の指導のもと、**保護者理解を複数で多面的に行い、チームで対応していくべきもの**と心得ていきましょう。

　保護者が「校長と話したい」と要求しても、教頭・副校長を中心とするチームで話を聞き取り、情報の整理をしてから必要に応じて校長が面談する対応が基本となります。校長が面談するのは、未然防止が不十分であり、保護者と教職員、教頭・副校長との関係では解決できない状況に陥っているときです。

　まずは、学級担任などの担当者や教頭・副校長が**事前に保護者と話すことで問題の明確化と焦点化を図ります**。この際に「担当者や教頭・副校長と話せば学校対応がしっかりなされる」と保護者が理解してくださるようにすると、学校への信頼を厚くすることにもつながります。

　また、とくに秋は、春の出会いからおよそ半年が経ち、子どもの

心身の成長や変化、人間関係の深まりにより、人とのかかわりによるよさも課題も顕在化してきます。このタイミングを捉えて、これまで積み重ねた教職員や教頭・副校長と子どもとの関係を踏まえて保護者に対応し、気持ちに寄り添いながら協力していける関係を築く肝心な時期でもあるのです。

　教頭・副校長が携わる保護者対応は多岐にわたりますが、ここでは教職員の保護者対応についてお話しします。

☑ 保護者の心に寄り添っていく！

　保護者が教職員に苦情を伝えてきたときは、まず「困っているのだ」「学校や担任に期待を寄せているのだ」と捉えてください。

　直接担任に訴えてくるのは最も正当な手続きです。教頭・副校長、学年主任、児童支援・生徒指導専任など、担当者に訴えてくるのも正当な手続きです。

　私たちは、苦情めいたことを言われることに慣れていません。そのため、ついそのような言動自体に嫌な感情をもってしまいがちです。しかし直接訴えてくるということは、改善に向けて何らかの説明や行動がなされると期待するからこそです。この捉えを誤ると、対応をきっかけとした望ましい関係構築には至りません。

　つまり、**大切にしたいのは「雨降って地固まる」**の考えです。人は他者の誠実さに心を動かすものです。前提として、保護者は大変なエネルギーを使って教師という大きな存在に訴えているという、その心に寄り添うことを忘れてはなりません。

☑ 双方の事実確認を行っていく！

　次に重要なのは事実確認です。

この**事実確認は、一方の当事者だけで済ますことのないようにし**てください。当事者間に生じている事実認識のずれを把握する必要があるからです。このことが解決すべき問題の大半を占める場合もあります。お互いのずれを把握して対応に生かしていけると、教職員と保護者の関係修復と、今後の望ましい関係づくりにも大いに役立ちます。

　教職員には「失敗は成功のもと」の考えに基づいてチームで対応にあたり、皆で力を合わせて必ず解決できるという見通しをしっかり与えます。教職員一人一人の力を伸ばす機会としましょう。

☑ チームで対応していく！

　保護者対応は何よりもチーム対応です。どんなに対応力のある人も、一人の人間の見方・考え方は一人の視野に過ぎません。それは私たち管理職も同様です。

　保護者が訴えてきた状況を知っている教職員、日常的にその保護者や子どもとかかわっている教職員から聞き取り、事実を把握してください。内容によっては児童支援・生徒指導専任を中心として事実を把握するなど、問題の内容に応じて解決にあたる主担当者を決めて進めていくことも大切です。

　正確性と早期解決を忘れずに、教頭・副校長がかかわりながら進めていきます。そのためには、共に取り組む担当者に問題解決までのタイムスケジュールを立てさせておくことが肝要です。そして保護者に折り返しの連絡をいつするのかも指示します。

☑ 担当者を指導・支援していく！

　事実確認が済んだら、**何を目標にこの対応をするのかをチームで**

共通理解してください。一般的に対応方法や内容の確認はしますが、目標とすることや折り合いをつけるところ、ゴールについては確認しないことが多いと思います。

その目標やゴールに到達するために逆算して考え、いつ・誰が・何をどのように行うのかを計画します。この計画は主担当者が立てることが望ましいですが、状況によっては教頭・副校長が共に考えることが必要です。

保護者・子どもの状況によっては、スクールカウンセラーやスクールソーシャルワーカーなどの意見を聞くことや外部関係機関と相談しながら進めることも必要です。対応しているのは、ものではなく人です。人に対応するときは、相手の気持ちをできうる限り理解して、その相手が納得するように問題解決を図り、解決後に関係が好転していくことをあきらめずにめざしていきます。

☑ 教職員の心理的安全性を確保する！

保護者対応は教職員であれば誰もが緊張するものです。だからこそ、教頭・副校長は保護者と教職員の関係を好転させるために、**セーフティネットを張っておく**ことが肝要です。チーム対応によって力を合わせることで、教職員に安心・安全な心理状態をつくることができます。

他方で、チームである以上は捉え方の相違が生じることを想定して、対応の要点を示した文書をつくり、関係者全員で顔を合わせて打ち合わせを重ねます。こうして丁寧に会話を積み重ねることで、保護者および児童生徒理解を多面的に深め、何が問題の元凶なのかを適切に把握し、指導等の在り方などを深く考え、対応・指導力を上げることにつなげていきます。

「雨降って地固まる」を信じて、前に進みましょう。

PTA 対応

☑ 安心感をつくり連携を強化する！

「せんせい〜。さっきも来たんだけど、いなかったから〜」「失礼します。今日は３名で会計の仕事をしに PTA 会議室でお昼まで仕事をしたいと思います。会議室の鍵をお借りしたいのですが……」

職員室の前席に席を構えている教頭・副校長先生は、どちらもイメージできる光景ではないでしょうか。

保護者代表という冠を背負ってそれぞれの思いや考えのもと集まっている人たちが PTA 役員ですから、プライドを尊重しながら適切な関係をつくっていくことが対応の基本です。児童生徒理解・指導の手法を生かしながら、PTA 役員や各委員代表の保護者が学校への理解を深められるように導いていきましょう。

教育活動充実のために **PTA 活動をどのように生かしていくのか、まずは校長の考えを聞きます**。そして、PTA 役員の人物理解、子どもの状況、役員になった経緯などの情報を共有します。ここでは PTA 役員会で書記を務める教務主任とも共有することをお勧めします。三者で情報共有してベクトルを合わせることで、関係者の安心や連携を強化していくのです。

私が赴任したての副校長だったときのことです。校長が４月初めての PTA 役員会で「PTA 活動は学校経営方針のもと、子どもたちの教育活動が充実するよう活動してほしい」と期待を明快に示され

ました。

　方針を与えてもらったことで、私は自信をもって判断、対応できるようになったと思います。教務主任も役員会に出席して方針を共有していましたので、私と教務主任で齟齬が生じることはありませんでした。そのようななかでPTA役員と話し合いを重ね、次第に安心感が生まれ、数年にわたる懸案事項を解決したいという相談が寄せられるようになったのです。結果、それは年度内の総会に諮（はか）って、大きな改善を果たすことができました。

　教頭・副校長は教務主任と協働して、PTA役員に安心感をもたせていくことが責務です。それには丁寧に相談に応じ信頼関係をつくり、主体性を引き出し、対等で適切な関係づくりが必要です。

☑ 情に流されず組織的な対応を意識する！

　PTAはそもそも任意団体であり、子どもたちの教育活動充実のために奉仕活動を引き受けるvolunteer（自発的に行動するボランティア）です。また、PTA活動が社会状況の変化とともにさまざまな問題・課題を抱えていることも押さえておきたい点です。

　だからこそ、PTA活動において、子どもたちの成長を援（たす）け、**保護者同士の助け合いやつながりづくりがなされている場面を捉え価値づける**ことを忘れないようにしましょう。PTAのよさと課題を把握し、子どもたちのために何をどのように改善すべきかを練りながらかかわっていくのです。

　まずは、特徴的な活動に目を向けます。するとさまざまなよさや課題がはっきりと見えてくると思います。また、円滑なPTA運営をしていくうえで、PTA役員に教職員の勤務体制等を理解してもらうことは欠かせません。

　「先生方に〇〇をやってもらいたい」という要望もでてくるでしょ

う。しかし、すべての役員が組織的・計画的に事を進めてくれると
は限りませんし、「それはむずかしい」と返答することを避けたい
あまり、色よい返事をしてしまうこともあるのではないでしょうか。
ひとつ引き受けた話が後で徐々に大きな問題になったり、認識が食
い違ったりして混乱を招き、事態の収集が困難になってしまうこと
があります。

　そのため、**あらかじめ役員会で要望への対応や話し合いの手順を
明らかにしておく**ことが重要です。教職員への協力依頼は簡素に
ペーパー等にまとめてもらいます。役員会を待てない場合はよく話
を聞いたうえで教務主任と相談して、３年先を見通した返答をする
よう心がけます。自分が異動したあとも「前はこうだったから！」
と主張する根拠になってしまいますので、安易に返答せず筋の通っ
た対応になるよう留意してください。

　そして必ず組織的に対応します。保護者とのやりとりを重ねると
情が優先することもありますが、教頭・副校長は大きな集団を束ね
る要^{かなめ}であることを自覚してください。子どもたちの成長のために、
多様な人の多様な思いを調整し、活動の充実を図る最善の方法は何
かと常に考えて適切な判断を下していかねばなりません。**教務主任
や校長への相談、場合によっては学年主任からも意見を聞いて、偏っ
た判断とならないようにしていきましょう。**

　役員会の前に、校長と役員に伝える内容をPTA活動の実務を担う
教務主任に確認しておきます。また、活動に参加した教職員の振り
返りをまとめて役員会で共有します。この記録には来年度に向けた
改善案などを付記するとよいでしょう。

　教頭・副校長として、活動終了後の役員会で挨拶をする機会があ
ると思います。子どもの成長の姿、保護者同士のつながりづくりの
観点から活動の価値をしっかりと伝えることが教育者・管理職とし
て望まれていることを意識してください。

☑ 教職員に PTA 活動の意義を意識させる！

　PTA への対応で成長するのは教頭・副校長自身です。視野が広がり、調整力が育ちます。PTA 役員会への対応に加えて、役員会と保護者をつなぎます。役員はたいてい 1 年で交代するため、PTA の活動内容がわからなくて困っている保護者は多いのです。多くの人が参加する活動をリードする存在は、経験のない人にとって大事です。

　保護者からの相談を受けて役員への連絡を勧めたり、代わりに尋ねたりして保護者の困り感を解消していきます。すると、保護者はほっとして明るい表情になります。このときに信頼関係が深まります。「子どものことで困ったら先生に相談しよう」と思える基をつくっているのです。

　保護者は直接、教頭・副校長に子どものことを相談してみようと思っているのかもしれません。保護者一人一人との温もりのあるつながりが、子どもが安心して自分の力を伸びやかに発揮し成長する環境をつくります。

　この PTA 活動の意義をしっかりと全教職員に意識させていくことが「教育とは何かを問い続ける教職員」を育てることにつながります。

　PTA 総会の前に、**PTA 活動をとおして保護者同士のつながりをつくることや、保護者の相談に丁寧に応じ安心感を高めることが、子どもの情緒を安定させ伸びやかな成長を促していくのだと教職員に伝えてください。**

　PTA 活動をとおして一人でも多くの保護者と教職員が信頼関係を結ぶことが学級経営の安定につながります。社会状況の変化により、直接、人と顔を合わせて五感で互いを理解する機会が激減しています。私たちも多様な人たちと接することで自己調整力を磨き、多様な子どもの心を深く理解する力を伸ばしていきましょう。

地域対応

☑ 地域と誠実に向き合っていく！

　皆さんは「地域」と聞いてどんな印象をおもちでしょうか。

　私が副校長になりたてのときは、保護者以上に「嫌われてはならない」「とにかくうまくやらねばならない」と考え、よい関係をつくるために最も慎重にあたるべき対象として捉えていました。ある種「怖い相手」と考えて用心深いやりとりをしていたのです。

　直接会ってやりとりできる方の場合は、その方の立場や真意をできる限り理解して子どもや学校のための関係づくりを心がけ、直接やりとりができない・見えない方には、学校からどのように影響を与え、広い視野のもと熟慮した発信をしていくかといったことに試行錯誤していました。地域の方を「怖い相手」と捉えることは、今も大切な視点であると私は思います。しかし、**これからの学校にとって地域は欠かすことができない大切なパートナー**です。副校長経験を積むことで地域の方が「頼れる理解者・協力者」だということもわかるようになってきました。ですから、誠実にしっかりと向き合って接していかなければなりません。

☑ 経験を総動員して信頼関係を築いていく！

　それには、いかに Win-Win の状況をつくりだし、**本音で語り合え**

る関係を構築していくかが重要です。教頭・副校長として、この視点を必ず押さえておいてください。表面的な関係では地域の中に息づく創造的な学校づくりはできません。地域連携を重視し、創造的な学校経営・運営を行う要（かなめ）は教頭・副校長の人間力にあると言っても過言ではありません。

　直接的な教育活動の取組ではないため、皆さんにとって経験の少ない分野であるかもしれません。また、教頭・副校長の立場にあってどう振る舞うべきなのか、何をどうしたらよいのか、戸惑うことも多いでしょう。

　でも、大丈夫です。皆さんはこれまでの教職経験をとおして、多くの子ども・保護者・教職員と望ましい人間関係や信頼関係を築いてこられた豊かな経験があります。その力を総動員して、地域の方と信頼関係を築いていくことが、地域の中で息づく学校づくりを実現することにつながります。自信をもって前に進みましょう。

☑ 多面的に情報を収集していく！

　どんな仕事もそうであるように、「何のため」の取組なのか、柱をしっかりもつことが何より大切です。そのために、まずはできるだけ多面的に情報を収集することが鉄則です。

　校長の経営方針やこれまでの地域連携による具体的取組が学校運営上どのような位置づけになっているのか、校長と共通理解しておきます。また、地域の方がこれまでにどのような要望を学校に寄せているのか、学校と地域がどのような協力体制をとってきたのかも、ミドルリーダーから情報を得ていきます。加えて、トラブルの有無の確認も大切です。管理職等よりも教職員の方が詳細な情報をもっている場合もあります。

　皆さんは、今日まで教職員と共に仕事をするなかで信頼関係を築

いてこられたと思います。その信頼関係があれば、地域との問題についてもさまざまな話が聞けると思います。

☑ 地域対応は事実確認から始めていく！

たとえば、地域の方からの訴えがあった場合は、事実確認から始めます。事実を知るには、よい話と好ましくない話の両方を聞く必要があります。

もし訴えの内容が苦情だとしたら、保護者対応のときと同じように「困っているのだ」「学校に期待を寄せているのだ」と捉えてください。学校の「つもり」と地域の方の解釈のずれを把握して対応に生かしていくと、その後の望ましい関係づくりにつながります。

地域対応は教頭・副校長だけで行わず複数で行うことが基本です。内容や問題の重さ、解決過程の段階によって、組織として誰（どの分掌）がどのように対応にあたるのか、教務主任などに相談しつつ、校長に確認をとり、チームをつくります。**教職員の地域対応力を育むとともに組織力向上の機会としましょう。**

また、地域と直接つながる教職員を増やすことで、学校と地域の信頼関係を強化することにもなります。教頭・副校長はその統括者であると考えてください。

☑ 教職員の参画意識の高揚を図る！

地域対応は連携活動に礎を置きます。地域と学校が Win-Win の関係をつくるうえで不可欠な取組です。

そのためにはまず、学校がどのような地域連携活動等を行っているのか、目的は何か、そしてその活動には自治会以外にどのような関係機関がかかわっているのか、そのなかで果たすべき学校の役割

とは何かを把握しておきます。

　地域連携活動に教職員が職務として参加する場合は、当該教職員との打ち合わせを行い、学校の役割について共通理解しておきます。教頭・副校長がそうであるように、教職員が地域連携活動での自分たちの役割を把握しにくいケースが多いのです。参加の意味・役割・活動内容を明確にして、地域連携活動への参画意識の高揚を図っていきましょう。

☑ 組織で進め学校運営上の業務として意識づける！

　次に、計画的に組織であたることです。地域連携活動の年間計画を示し、教職員の参加計画を年度当初に作成します。このことで教職員の参加を促すことができます。

　そして、当日までに事前準備がある場合は教職員と共に教頭・副校長が率先垂範で行いましょう。これらをとおして学校運営上、大切な業務であることも意識づけられます。

　地域対応をうまく行うには、**地域と学校・教職員の信頼関係を教頭・副校長が学校の顔として創り出していくこと、すなわち地域連携が根本**です。地域との関係構築の過程に全教職員がかかわることをとおして、教職員を育てていく機会とします。

　地域には多様な経験を積んできている方が多くいらっしゃいます。その方々と関係をつくっていくなかで、教職員が多面的に磨かれ成長していきます。そして、彼ら彼女らの生き方に学ぶことができるのです。

　教頭・副校長が「コネクター」となって地域の応援者と教職員を結びつけ、教職員の豊かな人間性を育み、信頼できる教師として成長させていきましょう。

コミュニティ・スクールの運営

> ☑ ミドルリーダーと課題意識を共有する！

　教育委員会が行うコミュニティ・スクール（以下「CS」）の導入は、2017年度より努力義務となっています。しかし、地域によって設置・運営状況や学校運営に占める割合が大きく異なっているのではないでしょうか。これまでの勤務校がCSだった方は、ミドルリーダー時代に運営等の業務にかかわられた経験があると思います。

　おさらいをしておくと、CSには保護者や地域住民等が委員となる学校運営協議会が置かれます。学校運営協議会は、①学校運営の基本方針の承認、②学校運営に関する意見、③教職員の任用に関する意見という権限を有しており、学校運営の強化を図る仕組みです。

　まずは**教職員にCS（学校運営協議会を置く学校）の意義や位置づけを理解させ、学校運営の改善に役立てていく**ことが大切です。校長の学校経営方針を踏まえることはもちろんですが、CSでは保護者や地域住民等の意見を反映しながら、学校教育目標の達成をめざしていきます。子どもたちや学校運営の課題を地域の方々と共に解決していく視点をもちましょう。

　CSの機能を活用して、学校内外に学校の実情を理解し応援してくれる人を増やします。あえて「内外」としたのは、学校現場は内部情報の共有が弱いと感じているからです。情報漏洩への不安からか、全教職員とは情報共有しないことが当たり前になってませんか。

事実に基づいた出来事の分析や解釈の共通理解ができていないために、間違った情報が伝わったり、疑心暗鬼が生まれて新たな問題を引き起こしたりしていないでしょうか。

　私たち管理職が、**全教職員による情報共有を丁寧に行う**重要性を再認識する必要があります。情報を伝える目的と事実に基づいた情報の共有、解釈の共通化が大きなカギを握っています。そのために、ミドルリーダーと共通理解をしっかり行い、信頼関係を深めていくことが基本となります。管理職とミドルリーダーの課題意識の共有が地域の力を活用する CS 運営には欠かせません。管理職と教職員の結びつきが堅固なものとなるよう、そして全教職員が学校課題を自分事として捉え自らの役割を果たす責任感をもって学校運営に取り組む力を発揮できるよう、要となるミドルリーダーを指導・支援していくことが必須です。

　もちろん、**学校運営協議会委員とも情報共有**をします。事実を共有できていなければ、個々の感覚や感情で話すことにもなりかねず、どれだけ話し合いを重ねても課題解決には至りませんし、適切な支援にもつながりません。すると、学校運営協議会の意義そのものにも疑問が生じ、無力感を生んだり形骸化を早期に招いたりしてしまいます。

　CS に置かれる学校運営協議会は、子どもたちの課題を解決するために、学校や地域の大人が自分たちは何ができるのかと知恵を出し合い、改善に向けて協力体制を強化するためにあると私は捉えています。

　だからこそ学校は、子どもたちのよさや課題、課題解決のために重点的に取り組んでいることと、現状で支援してほしいことを学校運営協議会にしっかりと伝えて検討してもらうのです。逆に委員には地域で見られる子どもたちのよさや課題、学校に協力してほしいことを率直に伝えてもらいましょう。互いが納得のできる合意形成

71

ができるように注意を払いつつ、学校運営協議会という場で、**子どもをまんなかに置いて考え、学校と地域が支え合う**ことができるように進めていきましょう。

☑ 全教職員と情報共有する！

　では、実際にポイントをどこに置いて CS を運営するのか考えてみましょう。まずは、学校運営協議会開催の準備です。これにはミドルリーダー全員に担当させ、育成の観点から経験をさせておきたい教職員にも参加させます。

　カギは情報共有です。教頭・副校長は、CS のねらいや検討事項、提示資料等、提示の仕方等を校長と事前に共通理解します。運営を担う教務主任や他のミドルリーダーとも打ち合わせて理解を深めておくとよいでしょう。何のために学校運営協議会を開くのかをしっかり確認して、仕事を分担していきます。そして、速やかに全教職員に打ち合わせた内容を伝えて理解を得ます。このように共有していくことで、教職員の主体者意識を育て、内外の信頼を得ることにもなります。その後、それぞれ準備を進め、学校運営協議会の1週間前には必ず最終打ち合わせをします。気になることがあれば、協議して調整してください。

　そして、学校運営協議会委員長の方とも、当日の会の趣旨・内容・運営について**事前打ち合わせを行い、話し合いの着地点のイメージを共有**しておきます。これは校長と委員長で行う場合もありますが、具体的なものが準備できた段階で、教頭・副校長が実務面について打ち合わせておくと会の充実が図れます。

　また、当日の協議会前には、委員の皆さんに子どもたちの学びの様子を観ていただくのもよいと思います。そこにはすべての答えが詰まっているからです。子どもの課題解決のために重点的に取り

組んでいることを評価してもらいましょう。「百聞は一見に如かず」です。いや、「言うは易く行うは難し」……かもしれません。

☑ 体験的学びをとおして育てる！

　何事も体験・経験をとおして失敗や困難を乗り越えることで、人は成長します。CS は実体験を伴う成長のチャンスです。教職員それぞれのキャリアステージや役割に応じて、体験的学びが充実するようにしていきましょう。

　まずはミドルリーダーです。これまで述べてきたとおり、ミドルリーダーは、管理職と全教職員、教職員同士を結ぶコーディネーターであり、学校運営で重要な役割を担っています。教頭・副校長として、ミドルリーダーと丁寧な情報共有を行い、果たした役割をしっかりと価値づけ、主体性を尊重して支援・指導します。そして**すべてのミドルリーダーに同じ情報を共有させます**。意外にむずかしいことですが、伝える情報に差をつけないのが肝要です。教育者の視点で相手の心理状態を考えれば、皆さんはこの重要性を理解できるのではないでしょうか。信頼を得たいのであれば、まずは相手を信頼し、リスク管理を同時にしておく手法を取ります。教職員は誰もが同じように大切な存在というメッセージを送るのです。

　次にミドルリーダー以外の教職員です。基本的にはミドルリーダーと同じですが、重点のかけ所と自己評価能力をどう高めるかで違いがあります。教職員が設定した重点課題解決項目について、授業や業務の取組状況から評価して、課題解決力を伸ばし、成長につなげていきます。課題把握、課題解決の取組、評価、振り返りのプロセスを経て、教職員が自身のよさと課題を見つめられるようにします。たとえば、年間計画にある授業公開を向上の機会にすることでさらに力の伸長をめざせますし、働き方改革にもつながります。

危機管理

> ☑️ **危機意識の違いを認識して取り組む！**

　３年前に新型コロナウイルス感染症の感染拡大が始まってから、皆さんはこれまで断続的に変化する状況や課題に対応しながら日々の教育活動にあたってこられたと思います。改めてそのご尽力に敬意を表します。新型コロナウイルス感染症は当初、私たちの生命を脅かす得体の知れない未知の感染症として世界中を恐怖の渦に陥れました。さまざまな情報が流れ、何が本当で何が嘘かもわからない「心の感染症」とも言える状況で、危機は人がかかわるすべてのひと・もの・ことで発生することを実感されたと思います。

　日常的に危機が潜むなか、教育活動の充実には学校関係者全員の総力を結集させ、誰もが安心して安全に過ごせる環境づくりが欠かせないことは皆さんご承知のとおりです。その基盤となるのが危機管理です。多種多様な危機への対応を準備・管理して、未然防止を図ります。最初の緊急事態宣言が出ていたころ、識者がこんなことを語っていたのを覚えていらっしゃいませんか。「自分の頭で考え、自分で行動すること」「他者の立場に立って適切な行動をすること」。この考え方を重視しつつ、コロナ禍で得た学びや知見を生かした危機管理について考えてみます。

　まずは、**教職員の危機意識をひと・もの・ことの観点から把握して、自分の危機意識との違いを理解します**。教職員は「修繕をお願いし

てもどうせ直してもらえないから」報告しない、教頭・副校長は「なぜ破損に気づいているのに言わないんだ」と苛立ちを募らせる……、互いの考えがすれ違うことがよくありませんか。ここで諦めるのではなく、危機意識は違って当たり前と捉えて、逆にそれを生かすことで、教職員に未然防止の意識を高めていきます。

　皆さんの学校でもほぼ毎月、安全点検が学級担任や各施設・設備の担当者のもと行われていると思いますが、それでもけがや事故は起きるものです。各教室や施設・設備の点検を学級担任や担当者だけで点検していると、危険に気づいても「まだ大丈夫」と考える心理が働くことがあります。それを防ぐには適宜、担当者以外の教職員が時間をずらして補いの点検にあたります。これに加えて、とくに危険度の高い箇所は必ず教頭・副校長と技能職員・事務職員による点検も定期的に行います。そして**担当者による日常点検は継続することで危機管理意識や責任感の育成を図ります。他者の危機意識を認識させる**ことで、危険の兆候を感じる力、定期点検や危機管理への責任力を伸ばし、未然防止につなげていきます。

　とくに生命にかかわることは早期対応が必要です。たとえば、施設・設備の修繕にお金がかけられない状況が長く続いていると、それに慣れてしまって危険に対して鈍感になっていることがあります。いわゆる「割れ窓理論」です。壊れていることが当たり前で仕方ないと捉え、自分のアタマではそれ以上考えなくなります。

　教頭・副校長等が点検に入った際、必ず修繕の具体的計画まで検討し改善するよう指導・助言します。このことを全教職員に伝え、危機回避の基準を授けて「直す」を習慣化します。**小さな破損でも修繕していくことを当たり前とする**ことで、教職員一人一人が自分のアタマで考え、危機を回避するようになります。この積み重ねが安全で学びやすい環境をつくるための適切な行動につながります。

　危機管理は子どもたちを含む全校で取り組むことが最も大切です。

教職員一人一人の目が生かされるよう、見つけた危険にはすぐに対応していきましょう。

☑ 職員室の整理整頓から始める！

　危機管理に取り組む初歩は環境整備です。行き場のない不要な文書やものがあふれ、どこに何があるのかわからない「おなじみの職員室」になっていませんか。これはまさしく上記の割れ窓理論が当てはまります。ものが雑然と置かれ整理されていないことに慣れてしまい、未然防止の感度が下がっているのです。このことは職員室に限らず、すべてに波及しますから、まずは教頭・副校長席周辺の整理整頓から始めてみてください。教頭・副校長が範を示すことで、刺激を受け、自分のアタマで考え始める教職員が必ずでてきます。

　そして**日々の巡回をとおして危険を感じたところの改善に着手します**。担当者との確認のもと、技能職員や事務職員と相談しながら早期改善にあたります。何事も事実把握と共通理解を関係者と共に行い、問題と解決のイメージを共有してそれぞれが役割を果たして問題解決していきます。

　危険箇所への対応が済んだら、職員室に着手します。主幹教諭や教務主任に趣旨をしっかり説明し、技能職員や事務職員とも共通理解し、改善に必要な物品の購入も視野に入れて職員室の整理整頓を進めていきましょう。

　環境整備をすることで、教職員の危機管理に対する感度を高めます。上記のとおり、他者の危機意識を理解させつつ、時期や場面に応じて具体的な指示・助言・指導を行います。とくに**子どもの心と体の安全にかかわることには細心の注意を払わなければなりません**。授業観察はもちろんのこと、廊下ですれ違う子どもの表情、休み時間の様子など、日常的に子どもたちと接している**担任とは異なる視**

点で見て気づいたことを担任や養護教諭と情報共有できるようにします。また、学校行事、受験、部活動の試合など、子どもにとって壁となる出来事が多い時期はとくに注意が必要です。

　学校の危機管理は、学級経営の考え方と同じです。最初に環境整備をしっかりと行い、誰もが安心できる良好な状態を多くの目で見守りながらつくり、スタンダードとして維持していくのです。

☑ 自分のアタマで考える教職員を育てる！

　すでに述べたとおり、危機管理は全教職員・全児童生徒で行っていくことが前提です。私たち教職員は、自律的に危機を回避できるよう、環境整備を行い、ものの向こう側にいるさまざまな人たちの存在を思いながら、全教育活動をとおして指導する姿勢を共通化していきます。子どもたちは、学校生活のなかで自ら気をつけ、望ましい人間関係づくりに努めて危機を回避しようとしています。子どもの力に委ねすぎないことも心したいところです。

　ところで、遠足・宿泊の計画に「危機管理」の項目はありますか。コロナ対応は明確に示されていると思いますが、その他はどうでしょうか。天候、子どものけがや体調不良が発生した場合の対応を確認したり、トイレの場所や個数など下見を行うと思います。下見をする際に何を確認しておくべきか、関係教職員で検討して計画書をもとに行うと、危機管理力の向上になります。必要感のある場面で**教職員にしっかりと考えさせる習慣をつける**ことがよいスタンダードをつくります。加えて、必要感を重視して教職員がリードする危機管理研修もしっかりと行い意識を高めていきましょう。

　危機管理＝未然防止です。危機を回避するために、自分のアタマで考え、他者を思いやり、他者の立場に立って適切な言動のできる教職員を育てていきましょう。

Chapter

3

職員室の担任

職員室の担任

☑ 教職員一人一人の安心・安全を保障する！

　教頭・副校長は「職員室の担任」と言われます。学級経営と同じように職員室を経営し、教職員を育成し、個々の問題や相談に対応し、学校教育目標の達成に向けて集団をまとめていく役割を担っているからです。

　職員室経営は、教職員が心身ともに安心・安全であることが柱となります。

　そのために、まずは一人一人の心身の健康状態を把握することが欠かせません。意識して一人一人と会話し、教職員とその家族の健康状況に変化はないか確かめます。とくに季節の変わり目や秋の長雨・台風などは気圧の変化が大きく、体調管理のむずかしい時期にあたりますので、誰もが元気に仕事に向かえるよう気を配ります。健康診断の報告書も必ず確認し、再検査の状況なども把握しておきます。

　教職員一人一人の健康に気を配り、大切に考えているというメッセージを送ることが職員室の「安心」につながるのです。

☑ 共有体験を意図的に創り出していく！

　次に、職員室経営の目標に向かって、教頭・副校長等と共に課題

解決する機会をとおして教職員のよさを伸ばし、協働意識と課題解決力をワンランクアップさせていきます。

「人はなすことによって学ぶ」ものです。学級経営と職員室経営はほぼ同じと考えてよいでしょう。とくに他者との関係を結ぶ点で体験・経験の絶対量が不足していると言っても過言ではない教職員が増えている昨今、「教頭先生や同僚と一緒にやってよかった」と思える、心が動き、掘り起こされる共有体験を意図的に創り出していくことが不可欠です。

皆さんには、やらねばならない仕事として日々の業務をこなすのではなく、**目の前の教職員の力を伸ばすためにどう行うのかという視点をもち続けて**いただきたいのです。そして、教職員の思いや願いに関心を寄せ、耳を傾け、日々の業務をとおして意図的・計画的に叶えていくことを大切にしてほしいと思います。

このように教頭・副校長等との共有体験を教職員に経験させることで、協働意識と課題解決力向上に加えて、学校運営に参画する充実感を得ることにもつながります。

それでは、実際に皆さんの４月からの職員室経営目標に照らし、教職員の取組の進捗状況を確かめてみましょう。

☑ 教職員の心身の健康状況を把握する！

まずは「ひと」。全教職員が大きく体調を崩すことなく業務にあたっているかが、経営状況の大きなバロメーターとなります。

子どもたちを育てていくことは、毎日起きるさまざまな出来事を受け入れ、子どもと教職員が共に乗り越え成長していくことでもあります。ですから授業、校務、児童生徒指導、保護者対応など、その日そのとき起きたことの本質を捉えて問題解決を続け、粘り強く丁寧に仕事にあたっていくことが肝要です。それには**教職員の心身**

の健康が欠かせません。

　よい指導、責任ある業務の遂行には一人一人の豊かな感情の動き、繊細な観察力からなる洞察力が必要です。これらの育ちを支え、OJT の効果を上げるには何よりも教職員の健康が大切です。

☑ 規則を守りやすい安心・安全な環境を整えていく！

　次に「もの」です。皆さんの学校では、教職員が安全で安心して仕事にあたれる仕組みや環境がどのくらい整っていますか。

　たとえば個人情報の管理は、教育委員会から注意喚起の研修実施などが繰り返し指示され、遺漏（いろう）のないように注意を払っていることと思います。しかし、日常業務の習慣として個人情報の管理を自然に行うことができ、教職員同士も互いに注意を払い、不祥事につながらないよう、必要な物品や設備が整えられているでしょうか。

　ルールだけが厳しく、ルールを守るために必要な「もの」が揃っていないと、拘束感が高まり、規則を順守しにくくなることがあります。教職員に求めるならば、「職員室の担任」である**教頭・副校長の指導・支援も見直し、規則を守りやすい安心・安全な環境を整えていく**ことを忘れないようにしたいものです。

　また、職員室が明るく清潔で温かい雰囲気が保たれ、さまざまなものが整理整頓されていて安心して働ける環境になっているでしょうか。忙しい毎日のなかで、職員室の整理整頓になかなか手をつけられないかもしれません。しかし、「人間は環境の動物」と言われるほど、心身の健康や成長が環境に大きく影響される存在です。教職員とともに職員室環境を整え、教職員の主体性を引き出し、支えていきましょう。

　環境が整った職員室には観葉植物が映えます。観葉植物から放たれるエネルギーで人の心も整います。ぜひ、試してみてください。

☑ 学校運営計画を見直していく！

　最後に「こと」です。これは学校運営計画の見直しです。10月から準備を始める新年度に向けた年度末反省に向け、教頭・副校長として学校教育目標に迫るために取り組んだ今年度の教育計画や運営計画が、子ども・教職員の育ちとして成果を上げているかどうか、とくに重点的に取り組んでいることを中心に見直していきます。

　私は「子どもに教育成果が表れているか」を見るとき、特別な支援を必要としている子どもたちの状況をバロメーターとしてきました。学校の中で最も助けを必要としている子どもたちだからです。これは教職員も同様です。**最も配慮が必要な人が生き生きと業務にあたっている**ことが、「こと」の評価バロメーターだと思います。

☑ 教職員の主体性を高めていく！

　「職員室の担任」の観点として上記に示したことは、すべて教職員と共に行うことが大切です。「学級は子どもたちと共につくるもの」であるように、**「学校は教職員と共につくるもの」**だからです。

　教頭・副校長からミドルリーダーである主幹教諭・教務主任に方針や取組内容を提示して趣旨を伝え、理解を得ることは、学校運営上重要です。グループリーダーでもある主幹教諭・教務主任たちが教頭・副校長の考えを理解し、協働性を発揮していくことで、職員室経営に教職員の主体性が顕在化してきます。

　教職員一人一人の思いが生かされ、実現されると、意欲は間違いなく高まります。それが学校運営にかかわることであれば、学校運営への参画意識を高めていくことにもつながります。誰の考えがどう生かされているのかも適切に伝えていきましょう。それが教職員に対する誠意です。誠意は必ず伝わり、信頼を育みます。

教職員の働き方改革

☑️ 働き方改革の目的を再認識する！

　学校における働き方改革は 2019 年 1 月の中央教育審議会答申以降、本格的にスタートし、勤務実態の把握などの取組が進められてきました。しかし、コロナ禍による急激な変化もあって、まだまだ推進途上にあると思います。

　働き方改革の目的をおさらいすると、文部科学省ホームページに「教師のこれまでの働き方を見直し、自らの授業を磨くとともに、その人間性や創造性を高め、子供たちに対して効果的な教育活動を行うことができるようにする」とあります。

　これまでの教職員は、子どもの力を伸ばすために滅私奉公を旨とし、発熱程度では休まず働くことを是としてきました。今、それは子どもの成長には必ずしもプラスにならず、持続可能でないと社会全体が認識しています。ここで改めて働き方改革の目的を踏まえ、教職員が抱えている膨大な仕事を継続的に見直し、学校が担う仕事を整理してほしいと思います。

　働き方改革は教職員のワーク・ライフ・バランスを整え、学校教育にかかわる多くの人の希望を膨らませ、子どもたちの成長を支える教育活動の輝きが増す、言わば「光の改革」です。ぜひとも**多様な人間のありようを尊重した働き方改革をリードして**、希望を育む学校づくりに邁進していきましょう。

☑ 全教職員と共通理解する！

　学校においては、自治体の教育理念・方針に沿って管理職が自校の働き方改革の取組方策を示し、推進していくことが基本です。そして、教職員に働き方改革を自ら取り組むべき課題と認識させ、学校の実情に合わせて課題や手立てを整理しながら進めていきます。働き方を改善する視点に基づいて、何のために何を改善するのかを繰り返し検討しては、教育活動や仕事の意味・価値を位置づけます。

　ここで気をつけたいのは、教職員の捉え方です。仕事量を減らし時間外勤務をなくすことが働き方改革だと認識していませんか。また、担任は授業・教材研究・学級事務を最重要課題と位置づけて校務分掌を余計な仕事と思っていませんか。なぜ働き方改革をするのか。目的に今一度立ち帰り、マストである**社会からの要請と校内の課題を全教職員で把握・整理し共通理解する**ことが大切です。これをしないで失敗することが多いのです。

　そのうえで、働き方改革の視点から学校運営上の課題を解決する見通しや手順・方法を学校教育目標を柱に検討します。解決にかける期間で課題を整理し、すぐに解決・改善できるものは順次進めていきます。解決までのスケジュールを示して共通理解を図ります。

☑ 働き方改革には全教職員を参加させる！

　次に「入れ物」を整えます。働き方改革を進めていくうえで最重要とされているのは時間という「入れ物」です。文部科学省の指針で時間外在校等時間の上限が月45時間以内と定められ、1日7時間45分、週40時間の「入れ物」の中で子どもたちの課題を解決するために何を重点としていくのか、どう実践していくのかを学校の状況に応じて検討します。働き方改革のために学校運営が大変に

なってしまったなど本末転倒とならないようにしてください。

　以前は教員には残業という概念があまりなく、子どものためならばと際限なく仕事に取り組み、それこそ過労死ラインの月80時間を超える時間外勤務によって教育実践を積み上げてきました。そのような「学校文化」が残るなかで、勤務時間を適正化して質を落とさずにさまざまな教育活動を行うことはそう簡単ではありません。

　だからこそ、全教職員で子どもの課題の解決に柱を置いて学校運営をしっかり見直し、教員がすること、職員がすること、外部に委託することを整理し、**学校でなければできないことに焦点化した実践に切り替えて仕事を精選していく**必要があります。教師でなくてもできる仕事は予算を使って外部委託したり、事務作業を軽減するソフトウェアを導入するなど、教職員が実体験できるよう支援します。加えて授業力向上も働き方改革の重要な要素です。人材育成計画をミドルリーダーと共に見直し、教職員の実態やニーズに合わせた計画に改善して経験値を高めていきます。

　働き方改革の実現は、学校づくりを担う教職員の総力にかかっているのです。**全教職員のアイディアを生かしてできることから実行に移し、改善・改革の目を磨き、実践力と意欲を高めてください。**

　私は、学校運営は教育活動の中に包括されているものであり、クルマにたとえるなら、学校運営がエンジン、教育活動が車体であると考えています。エンジンがよくならないと車体は安定しません。

　ですから、分掌組織を含めた学校運営というエンジンを見直し、全教職員が運営改善に参画できるよう、持ち時間数の配分も見直して改革を実現する環境を整えていきます。一部の教職員のみに見直す取組を担わせると、いずれエンジンに支障をきたしますので、改革は全教職員参加が必須です。検討内容ごとに新たに部会を組織したり、プロジェクトチームを組織したり、今ある校務分掌の組織で「働き方改革」の視点から見た課題を分掌のチームで担当するなど、

年間をとおして検討してもいいでしょう。

☑ 教職員に豊かな人間性を育んでいく！

　もうひとつ忘れてはならないのは、時間外在校等時間の上限設定により、これまで以上に時間内で仕事を終わらせる能力が要求されていることです。これが教職員の働き方に180度の転換を求めている根幹とも言えるでしょう。社会の変化に伴い、子どもを取り巻く家庭状況や教育課題は大きく変化し、複雑化しています。課題対応にあたり、決められた時間内で解決を図る教職員一人一人の指導力・仕事力の質的向上が欠かせません。時間がないことを理由に、守り育てることを雑にしてよい結果が得られるはずはありません。

　教職員が豊かな経験を積むためには、学校内での指導実践と学校外での豊かな体験の双方を必要とします。子育てはとくに経験知を必要としますから、子育て世代の教職員が働きやすい環境をつくることが欠かせません。働き方改革は待ったなしです。

　また、若手教員に成果をださせていくには経験値を上げることが欠かせません。働き方改革の取組を生かして実体験させることで、総合的な自力をつけていく機会とします。

　一見、遠回りと思われるかもしれませんが、今こそ、教職員の人間力に視点を置いた改革が必要です。教職員がゆとりをもつことで、多様な人間が互いを認め合い、さまざまな経験を積み、豊かな人間性が育まれ、結果的に教育が充実していきます。**教職員に豊かな人間性を育むことが、子どもの多様性を受けとめ、認め・励ます力をつける**ことにつながります。教職員にこの力がついてくると、おのずと精神的にも物理的にも余裕が生まれ、時間意識も正常にはたらいてきます。教職員の豊かな経験の積み上げが保証されることも重視して改革を進めていきましょう。「急がば回れ」の発想を大切に。

教職員の服務

☑ 教職員理解の視点をもつ！

　長期休業前は、４月からたまった疲労を自覚しにくく、さまざまなミスが起こりやすい時期です。教職員の状況をおおむねつかみ、年度初めの書類関係の処理をやり抜き、指導主事や地域・外部関係者への対応も経験し、関係者との顔合わせも一段落してほっとしているころかと思います。

　教職員も同じように、新年度のさまざまな「新しい」に応じるため、気を張ってここまでやり抜いてひと区切り、少しほっとしていることと思います。加えて「あとちょっとで長期休業」という心理も働き、楽しいことを考えてあと少しがんばろうと、日々の指導や業務に向かっているでしょう。そのような状況だからこそ、長期休業前は教職員の服務管理に最も注意を払うべき時期だと言えます。教頭・副校長は**教職員理解の視点をもって意図的・計画的な支援・指導にあたり、不祥事を未然に防いでいく**必要があります。どんなミスを想定して、どんな支援・指導をしておいたらよいか考えてみましょう。

☑ 規則に則り教職員の意識向上を図っていく！

　長期休業中には帰省や家族旅行などを計画している教職員がいると思います。まずは自治体の規則に則って、**教育委員会に旅行届を**

提出する義務があることを教職員にしっかりと周知しておきます。公務員としての責任上、旅行中の居場所や連絡先を明らかにしておく必要があることを伝えます。泊を伴わない場合も同じです。県内でも近県に出るときも手続きが必要であることや緊急時には連絡がいき、緊急招集がかかる可能性があることも規則に則って伝え、教職員の義務や意識の向上を図っていきます。

　海外旅行の場合は自治体にもよりますが、教育委員会への届出を遅くても2週間前に提出しなければなりません。旅行先が安全な地域とは限りません。教育委員会への書類提出と同時に、移動手段、行き先の安全、衛生環境（感染症が流行している地域かどうか）、個人旅行か団体旅行か、または何か研修に関する旅行なのかなど、安全にかかわる旅行内容を教職員本人によく確認しておきます。

　また、長期休業期間の研修計画を提出する教職員もいると思います。研修の目的や内容によっては旅費を公費で支出することができる場合もあり、研修支援が可能になるかもしれませんので、この場合も詳細を確認しておきます。教職員の研修権にかかわるので気をつけましょう。

　個々の計画に沿ったさまざまな会話をとおして支援・指導事項を捉え、**教職員の実態やニーズに合わせた指導ができるよう常に心がけておく**ことが大事です。このことでお互いの信頼感も深まります。

☑ 長期休業中の業務も人材育成の機会となる！

　夏休みの業務は、日常とは異なる視点をもって教職員指導にあたるチャンスと考えて計画していきます。長期休業期間の動静表作成や休暇の申請では、書類の確認をしながら教職員と対話して教職員の背景を捉えます。たとえば、旅行計画の確認をとおして、日ごろ気になっている教職員の家族の状況や志向性について、本人から語

れるように話を導いていくことで、教職員の考えや生活状況の理解を深めることができます。

　また、長期休業中の業務内容を明らかにしていくこともできます。

　日直を交代で行っている学校が多いと思いますが、日直はその日の学校の窓口として業務にあたり、他の教職員が安心して学校から離れることができるよう、もっぱら他者のために仕事をする1日であると私は考えます。

　そのような日直の業務をとおして、教職員が日ごろ見えていない学校運営の一部（ともするとこれは自分がする仕事ではないと捉えている仕事）を実際に経験することで、学校運営や共に働く人の気持ちの理解を深める機会とします。

　さらに、日直の仕事がしやすいように教職員同士が気遣い準備することも大切にしたいポイントです。日直に依頼したいことがある教職員は、依頼内容を事前に明らかにし、用意した資料の手順どおりに進めれば遺漏なくできるよう準備します。これは人に託す際の礼儀であり責任ですが、この申し送りや願い出が行われないこともしばしばありますので、教頭・副校長として指導していきます。加えて、日誌に引き継ぎ事項を記載することもお勧めします。このような取組をとおして教職員の結びつきを強めていくのです。

　校長との共通理解のもと、長期休業中の業務内容やその目的を教職員にしっかりと説明し、**責任、義務、相互理解、協働・共助の視点で振り返る**ことができるようにします。そして、人とのつながりのなかにある自分の在り方について考え、視野を広げ、教職員がひと回り大きく成長できるように導いていきましょう。

☑ 情報共有をとおしてミドルリーダーを育成する！

　長期休業中の服務については、休みに入る月の初めまでに目的や

服務の注意、提出書類の実際の書式等を文書にまとめて教職員に渡し、意識づけをします。提出を要する書式をばらばらと渡して口頭のみで説明すると、「処理」という意識をつくってしまうので気をつけてください。服務に関することの重要性をはっきりと伝えるために、長期休業の業務と服務について、根拠となる法令・規則も適度に加えた文書を作成して教職員に渡し、「なぜなのか？　何のために？」がわかるように説明をしていきます。

　もし初めて試みるのならば、全教職員に説明する前に、まず**主幹教諭や教務主任に示し調整を図る**などして、十分な理解を得ておくとよいでしょう。

　すると、ミドルリーダーの捉えている教職員の実態に合わせた内容や文書・資料の提示、説明の仕方について意見がもらえるので、円滑な理解につなげることができると思います。また、このことはミドルリーダーの学校運営への参画意識を高めることにもなります。

☑ 管理職が範を示していく！

　もうひとつ気をつけておきたいポイントは、提出書類の書式です。私たち管理職も、今まで使用していた**学校ごとに作成している書式をもう一度見直しておく**必要があります。

　法令や教職員の意識形成、人材育成、業務改善の視点から点検したときに、適切な形式になっているかを確認して、意図や目的に適応しているかどうか確かめてください。言っていることと、やっていることが一致するようにしなければ、日ごろの学校運営の説得力が揺らぎます。

　私たち管理職も、言い訳をしないことを大切にしたいですね。有言実行を旨として、範を示すことがよい教師を育てることにつながります。

教職員の不祥事防止

☑ 子どもを守り、教職員を守る！

　不祥事根絶をめざして、皆さんの勤務校ではこれまでも年間計画に位置づけられた研修を定期的に実施し、日々の業務で教職員の「誤り」の修正を繰り返して教職員教育を重ねてこられたと思います。それでも根絶に至らないのは、教職員の質が問われるほどの厳しい目が働き、服務や業務の規則が厳しくなったことなど、さまざまな要因が考えられます。そして不祥事は、教職員の「心」によるところが大きいと考えています。しかし、子どもたちの心を傷つけ、成長に負の影響を与える不祥事は不幸な出来事であり、防止していかねばならない重大な課題であることは変わりありません。たった一人の不祥事が公教育全体への信頼を傷つけます。ましてやそこに同僚がかかわっていたら教職員の戸惑いはいかばかりか……。

　「子どもたちを守る」を柱に全教職員の総力を結集して丁寧かつスピーディーな解決が望まれます。**教職員にとって頼りとなるのは管理職の揺るぎない適切な方針です。子どもたちと教職員を守る視点と真心をもって相手を思いやり、誠実に対応していきましょう。**

　不祥事問題の根は「心」にあります。勤務校では、学校には子どもたちの教育を担っている重責があることを全教職員が認識し、その状態が保たれているでしょうか。教育者として求められる責任感や倫理観を改めて押さえたうえで「なすことによって学ぶ」の視点

で未然防止の仕組みを学校運営に取り入れていきます。そして日々の「誤り」を明らかにしながら、学び、仕事の質を向上させてコンプライアンス意識の向上を図っていくことが不祥事防止の基本です。

しかし不祥事は、不祥事を起こす人の「心」によるため、根絶は困難だと捉えてください。このことを踏まえて、見えること（言動等）、見えないこと（心）の両側面から教職員にアプローチして不祥事を起こさせない「祥い（さいわ）」を引き寄せられるように努めましょう。

☑ 定期的な情報交換で迅速に状況を把握する！

まずは、起こさないためにできること、未然防止から始めましょう。教職員が「困った」ときに相談できる態勢をつくると効果的です。**管理職も含めて誰も一人にさせない**ことがポイントです。直属等の上司以外に相談できる窓口を設けたり、チームを組んでさまざまな人とかかわれるようにするなど、人間関係が広がるように配慮して組織を整えます。窓口担当者が積極的に声をかけるなどして孤立化を防ぐパトロールをしていくとよいでしょう。窓口は主幹教諭が主に担い、教頭・副校長がサポートします。

窓口担当者からの情報をもとに早期対応をしていきます。教職員の「困った」問題の原因を探り、対策をすぐにとります。対策後は効果を確かめ、一連の対応から得たことをもとに今後考えられるリスクを想定していきます。これが失敗から学ぶ問題解決の流れです。

一方で個人のデリケートな内容にかかわることでも、窓口担当者が報告を躊躇するなどして意外に情報があがってこないことがあります。そのため、定期的に窓口担当者と情報交換して迅速に状況把握ができるよう態勢を固めておきます。

「困った」情報をあげれば、**早期解決のためにチームで取り組んで解決されるという安心感を校内につくっていく**ことが大事です。

☑ 報告・連絡・相談を習慣化する！

　次にリスク管理です。人が動くところにはすべてリスクがついてまわります。勤務校では、たとえば個人情報をどのように管理していますか。担当者1人に任せきりか、2人で担当していても管理対象を分けてしまい相互補完がなされない態勢になっていませんか。

　リスク管理は2人以上のチームを組んで複数の目で確認し、知恵を補い合って取り組むことが原則です。またどんなに優秀であっても1人でできることには限界があることを押さえておいてください。

　とくに個人情報管理のようなハイリスク業務は、担当者間で想定リスクを共有したうえで、全教職員に管理方法・手順を示して共通理解を図っておきます。**全教職員が違和感や異常をすぐにキャッチできるようにし、情報を窓口担当者にすぐあげられるよう、伝えやすい環境をつくっておきます。**

　日ごろから失敗が受け入れられ、失敗から学べる環境のもとで教職員集団が育っていると、窓口担当者への伝達ルートがより機能します。その基礎となるのが報告・連絡・相談（ほう・れん・そう）の習慣化です。これは他者を尊重し、目を見て、適切な言語を用いたコミュニケーションでなされるべきものです。その基本は挨拶です。言葉は考えをつくり、文化をつくります。改めて教職員の挨拶、言葉をよく見聞きし、勤務校の状態を確かめてみてください。

☑ 記録を必ずとる！

　不祥事が起きてしまったら、記録を必ずとるようにしてください。事実の把握がおざなりだと、その後の適切な対応や解決に向けた取組をむずかしくしてしまいます。手間を惜しんではなりません。関係する教職員全員が時系列に沿って事実を記録して、それぞれの記

録を担当者を充て集約、整理します。

　事後の問題解決は、**教頭・副校長をまとめ役にしたチームを組み、事実を把握してからの共通理解が基本**です。チームには、学校運営推進役を担うミドルリーダーの主幹教諭や教務主任を入れて客観性を高めます。解決に向けた方針が決まり次第、全教職員に共有して共通理解を図ります。共有内容は、問題となっていることの事実、捉え、解決のイメージ、情報の管理、解決に向かう教職員それぞれの役割、外部連絡への対応などです。

☑ 教職員の良心を引き出しつながりをつくる！

　前述のとおり不祥事は「心」の問題ですから、教職員の良心を整え、引き出すことで防いでいきます。そして、学校の社会的役割を深く理解させることです。この２つが基礎となり、不正なことに対する感性が磨かれていきます。

　教頭・副校長として学校の日常生活を整えましょう。先ほど述べた挨拶は、小さなことと感じられるかもしれませんが、とても大切な習慣です。互いの心の安全性を高め、安全な居場所をつくる大切な文化なのです。この文化基盤なしに、失敗を隠さず、失敗から学び、互いに助け合って質の高い仕事に変えていく力をつけられる組織はできません。居場所が確立されていないところで、失敗を自ら報告できるはずもありません。教育に携わる人間として、良心を発揮させて失敗の報告をするには心の支えが必要です。

　だからこそ、**挨拶をはじめ、仕事をとおして人とのつながりをつくる必要がある**のです。それが教職員の良心を引き出し、異常に対する感性を育てます。加えて学校の社会的役割にプライドがもてる環境整備・研修・教育が必要です。恐怖感ではなくプライドと良心、つながりの文化による不祥事防止へと転換していきましょう。

信頼関係の構築

☑ 信頼関係が人材育成の基盤となる！

　学校管理職にとって人材育成は最も大事な仕事であると、私は捉えています。**人材育成は、人の生き方をつくり、学校を育て、教育をつくります。**

　人材育成を進めていくうえで何が大事か。それは教職員との信頼関係の構築にあります。温かい心遣いや助けはとてもありがたく、深く印象に残るものです。皆さんのこれまでの子どもたちへの指導経験を生かし、思いやりの心をもとに教職員と協働し、人材育成の視点を忘れずに仕事の質を追求していってほしいと思います。

　とはいえ、教頭・副校長は学校のなかで一番忙しく、乗り越える壁は厚く高いもの。しかし、学校運営の要と言われる重要な職ですから、プライドをもって、健康に気をつけ、意気揚々と職務にあたっていただくことを期待しております。

☑ 教職員の実態把握から始める！

　皆さんは、これまでの教職経験で学級経営案や教科経営案を作成されてきたことと思います。その中に「子どもの実態」という重要項目があったはずです。同様に、教職員を束ね、集団として成長を図っていくには、「教職員の実態」を把握することが最も大切です。

教職員との信頼関係を構築していくにあたり、まずは**個と集団のよ**
さと課題を多面的に把握し、職員室経営案を考えてみましょう。

　また、年度初めの8週間で1年の学級経営が決まるとよく言われ
ます。教職員集団づくりも同様です。4月1日からの8週間を実態
把握とともに、教頭・副校長の職員室経営方針への理解を促し、主
体的な集団づくりを進める基礎をつくる期間だと考え、経営に臨ん
でください。

☑ 「安心・安全」を生み出していく！

　教職員のよさを引き出し伸ばすには、「安心・安全」がキーワー
ドとなります。支援や指導を最も必要とするひと・もの・ことの課
題に、教頭・副校長としてどのように改善を図り、解決していくか
を示していくことが肝要です。つまり、**職員室経営に取り組むリー**
ダーがむずかしい課題にどう対応するのか、考え方や姿勢を明確に
することが大事なのです。そこに「安心・安全」な雰囲気が醸成さ
れます。困難なことに及び腰であったり、見て見ぬふりをするリー
ダーを信頼することはできません。

　実績を根拠にした「信用」を経て、お互いの気持ちのやりとりの
上に成り立つ感情が「信頼」です。つまり心ある信用が信頼です。リー
ダーを中心に行動し、質の高い集団をつくるために欠かせない感情
です。リーダーへの信頼感がメンバーの安心・安全を生み、責任感
や主体性、相互扶助の機運を高めていきます。すると集団の質はさ
らにあがり、好循環が生まれます。

☑ 教職員の努力を認め・励ましていく！

　教頭・副校長として日々の業務や校内巡視、子どもたちの状況把

握をするなかでさまざまな課題が見つかるでしょう。その向こう側に教職員一人一人の努力も見えてくるはずです。校内巡視で捉えた子どもの状況を根拠にして、教職員の努力をねぎらってください。

　仕事だからやって当たり前と思う方も多いかもしれません。しかし「課題」とはこの当たり前ができていない状況をさします。ですから、まずは当たり前に向かって努力している姿を見いだし、認め・励ますことで望ましい姿を明らかにしていきます。**望ましい姿を認め、「安心・安全」の基礎固めをしましょう。**

　子どもだけでなく、人は誰しも認められたい存在ですから、若手のみならず、豊かな経験のある教職員になればなおさらかもしれません。確たる立場にある人に認められ尊重されることは、年長の教職員ほど機会が減っているのではないでしょうか。一人一人の状況に合わせて、本人に直接、または他者をとおして話が伝わり、間接的に認めの場が得られるように配慮し、あまねく認め・励ましの言葉が伝わるようにしていきます。

☑️ 信頼関係ができると本当の課題が見えてくる！

　認め・励ます内容は、できるだけ小さく目立たない地道なことの方が望ましいと思います。目立つことは誰でも見つけることができ、ほめられることも多いでしょう。しかし、目立たないことは「そんなことまで見ていてくれたのか」という意外性や、自分への関心の高さを感じ、大きな喜びとなるからです。この**小さな積み重ねこそが信頼関係を築く確たる力となります。**

　教職員一人一人との信頼関係ができてくると、これまで見えなかった事実や情報が教頭・副校長のところに集まり、本当の「課題」が明らかになってきます。前述の年度初めの8週間を認め・励ましの集中期間にあてて臨みましょう。

☑ 気にかかる教職員の困り感を把握する！

　年齢、経歴、性格、指導への考え方、仕事の進め方など教職員は多種多様です。そのなかでもとくに、気にかかる教職員の努力の姿はしっかりと見つめ、何に困っているのか、何を得意としているのか、支えている周囲の教職員の困り感は何かを捉えていくことが大事です。

　気にかかる教職員には慎重にあたることも忘れてはなりません。管理職と話すことでかえって緊張が高まったり、こちらの言葉を曲解したりすることもあります。事実をしっかり捉えて言葉を選び、慎重な声かけから始めていきましょう。

　関係性ができてきたら、本人の困り感を聞き取っていきます。授業や業務の間の時間を活用して、終了時刻を決めてあまり長時間にならないようにします。

　異性の場合、直接話すときには主幹教諭など立場が明確な教職員に同席を依頼するなどの配慮も大事です。聞き取りがむずかしいと感じたら無理をせず、対象教職員のことをよく知る教職員から話を聞き情報を得るようにします。

　そして、忘れてはならないのは、**周囲で支えている教職員の話にも耳を傾ける**ことです。何事も片方の見方・考え方で沙汰しないようにします。これも信頼関係を構築するうえで基礎的・基本的なことですが、教職員育成のなかでは、意外に忘れられていることが多いように感じます。

　年度初めの８週間の間に、全教職員から少しずつ話を聞き、多面的に教職員を理解します。教頭・副校長は話を聞いてくれるという印象をしっかり与え、「安心・安全」の雰囲気を広め、信頼関係を築きましょう。

授業観察

> ☑ 職員室を飛び出し、授業観察へ行こう！

　授業観察は、教職員理解の礎となる人材育成の基礎・基本です。教諭がどのように仕事をしているのか、職員室での姿から得られる情報もたしかに大切です。ですが、教諭の仕事に対する考え方のすべてが職員室の姿に表れるものではないことは、教頭・副校長であればよくわかっているはずです。教諭の本分である教室での授業の様子を観察して理解しないことには、適切な指導も力を伸ばしていくための助言もできません。

　また、校長の経営方針に基づいて学校運営を円滑に行っていくうえでも、授業観察は必要不可欠です。そもそも学校は、子どもたちの自立に向けて、学校生活全体を通じて成長させる責務を担っています。そのなかで、子どもが最も長い時間を過ごすのは授業です。学校教育目標実現のためにも、教諭が授業をとおしてどのように子どもと接しているのか、その授業は目標実現のための手立てとなっているのか。教頭・副校長が自ら観察し、指導・助言することが必要です。

　しかし、教頭・副校長先生方にとって、職員室を空ける必要のある授業観察は最もむずかしいものかもしれません。ですがぜひ、**校長に相談して授業観察の機会をできるだけ増やす**ことが肝心です。それが、学校が置かれている状況を適切に把握し、学校課題を解決

することにつながり、校長の学校経営を積極的に補佐します。

☑ 授業観察で大切な３つの視点を押さえる！

　授業観察では、何を見るかが大切です。短時間で見るときには、私は３つのポイントに着目しています。

　１つめは「視線」です。私はそのなかでもとくに、子どもの視線に着目します。子どもが先生の目をしっかり見ているか、話を理解しようとしているか。子どもが先生と視線をしっかりと交わして、心を通わすことができているかを確認します。なぜなら、視線は子どもの先生に対する信頼感の表れでもあるからです。先生を信頼し、先生と共に学ぼうとしていれば、子どもはおのずと集中し、視線は先生に向けられます。多少、授業中の話が脱線しようとも、**先生を信頼している子どもたちからは学び取ろうとする意欲を感じる**ことができます。

　２つめは「板書」です。子どもは教師の発話からだけでなく、黒板への板書からも多くのことを学び取ります。その**板書が子どもの思考を助け、整理するものになっているかは、授業観察における着目ポイント**であると言えます。板書が適切になされているということは、１時間の授業のねらいに沿って意図的・計画的に学習展開を図ろうとしていると考えられます。言い換えると学習のねらいを理解し、ねらいや子どもの思考の流れに沿って発言を整理して、学びとったことが明記されている板書は、筋道の通った学習展開がなされているしるしと考えてよいでしょう。

　３つめは「立ち位置」です。教師の立つ位置は非常に重要です。プロとして、どんな意図をもってどこに立ち、何を見ているのか、やっているのか。配慮を要する個々の子どもに近寄ったり、指導内容や形態ごとに立つ位置を変えたり、全体に呼びかけるときには一

目で全員が視野に入るような位置に立ったり……と**意図して適切な位置に立ち、指導にあたることは、意図的・計画的に指導にあたれているかどうかを図るバロメーター**のひとつです。さらに、これは非常に短い時間でも適切か不適切かすぐにわかるものなので、忙しく短時間しか観察できないときでも活用できます。

☑ 授業観察の目的を公開し授業改善を促す！

　皆さんがこれまで、授業のなかで子どもたちの評価をしてきたことを思い出してください。「指導と評価の一体化」と言われるように、授業観察することで、授業を評価し、子どもにとって充実した学びにつながるような授業にしていくということを目的に置かなければなりません。

　そのためにはまず、何のために授業観察をするのか、**目的や視点をあらかじめミドルリーダーに伝え、理解を得ておく**とよいでしょう。そのうえで、教職員全員に打ち合わせなどで知らせておきましょう。そうすることで「何を見られるのだろう」と疑念を抱かれなくて済みますし、事後の指導についても伝えやすくなります。授業者が観察者と共通の視点で自身の授業を見つめ直し、自己評価し、よさや課題を振り返ることができます。

　また、授業観察される前に授業を振り返り、改善を図ろうとする教師も出てきます。つまり授業観察は、先生方に「望ましい授業」を創る要素を示し、共通理解していくために行うものだということです。この共通理解を図っていく過程で教師の悩みを聞き、よさを認め、指導方法の改善に結びつく指導・助言を行い、授業力向上を図ります。**一人一人の思いや願いに寄り添った人材育成をすることに授業観察の主なねらいを置くべき**だと思います。

　さらには、こうして教職員がどのような授業をしているのか知る

ことで、教務主任が立案する研修計画や研究主任が立案する研究計画を**教師の必要感・状況に沿って指導・助言し、課題に応じた人材育成を組織的・計画的に行う学校運営につなげる**ことができます。

☑ 認め・励ますことが信頼につながる！

　授業観察を終えたあとで、先生方へのフィードバックをするとき、「自分だったらこうする」や「あの発問はよくない」など、課題点を指摘して改善を促す声かけをしていないでしょうか。無論、課題を見つけ、改善を促す責任を負っている管理職であれば当たり前のこととも言えます。

　ですが、忘れてはいけないのは、大人も子どもと同様、認め・励まされたい存在であるということです。先生方が指摘を受けたときに「なるほど、そうか！　やってみよう！」と前向きに自分の授業改善につなげられるようにすることが授業観察の目的です。どう伝え、どう改善に結びつけるかを熟慮し、指導者としての経験を生かしてさまざまな配慮をしなければなりません。

　言葉を教職員に響かせるには、**教頭・副校長は自分のよさをわかってくれている人、自分を成長させてくれる人、自分を支えてくれる人であると思ってもらえていることが条件**であると言えるでしょう。そのためには、教頭・副校長自身が、自分にもわからないこと、足りないことがあると自己開示するのがその一歩となるでしょう。教頭・副校長が、自分にも、先生方にもできないことがあると受け入れていれば、先生方が「わからない」と打ち明けやすくなります。

　わからないことは調べて答えたり、調べ方を教えたり、その道に通じている人に橋渡ししたりしてください。どんなに経験を積んでも足りることはありません。**「共に学ぶ」姿を見せることこそが、人材育成のポイント**です。

組織を生かして育てる

> ☑ **教師は教師集団の中で育っていく！**

　教師はなんと言っても、毎日の指導を共にする学年組織のなかで指導力を磨いていきます。児童生徒理解、教科・領域指導の在り方、学年全体での行事の準備や指導、子どもたちへの指導のすべてを学年の先生とともに学び合いながら取り組みます。

　学年の経営方針にしたがって子どもたちへの指導の充実を図るためには、学年を構成する教師間の連携が必要不可欠であり、チームワークのよさが子どもたちの安心を生み、もてる力を十分に伸ばすことにつながっていきます。

　中学校は教科担任制なので、複数の教師が一人の生徒にかかわり指導します。そのため生徒理解・指導の方針を共通理解し、同じ方針で指導することが欠かせません。これは小学校でも同様に重要なことですが、小学校は主として学級担任制ですから、学年内での共通理解のむずかしさがあります。

　子ども一人一人を多面的に捉えて共通理解し、指導の充実を図るには、複数の教師が同時に協働して指導することが有効です。たとえば行事や学年活動のなかで喜びや悩みを共有し、共に問題解決をする機会をつくります。すなわち**感情を揺らして教職員が「乗り越える体験」をする**ことが、子ども理解を深め共有するうえでどうしても必要なのです。

さらに、共有体験をとおして教師間の理解を深め、集団における自分の役割を確認したり、自己課題への気づきを深めたりするのです。こうして、それぞれの教師が自己理解を深めていくことが互いの成長、そして自信を高めることにつながります。

☑ 学年研究部のなかで育てていく！

　自治体や学校によって名称は異なると思いますが、「学年研究部」という組織が設定されているはずです。皆さんはこの学年研究部が、上記に示した「感情の揺れ」を日常指導のなかで体験・共有できること、教師の育成に大きな役割を果たしていることを経験上理解されていると思います。たとえば初任者が、どんな先輩と仕事をし、何を学ぶかは、その人の生涯の仕事の仕方を決めると言っても過言ではありません。つまり学年研究部での学びが初任者のその後の育ちに大きく影響します。

　教頭・副校長は、学年研究部などでの教師の学びが充実するよう、まずは部内での指導場面を見て、学年指導の実態を把握することが大切です。そして事実に基づいて、学年主任には運営のよさを伝えながら、教職員理解について指導・助言をして、**学年研究部のチームワークが高まるように支援しましょう。**

　同時に、学年研究部に所属する教員には学年内のことはまず学年主任に相談するよう指導し、学年研究部の力を高めるとともに組織的な課題解決の方法を身につけさせていきましょう。この他、管理職に提出された学年研究会の記録ノートなどに励ましや助言を書くことも有効です。

　一方で課題と感じたことは、できるだけ直接話すほうが誤解を避けられます。課題について文字で伝えるときは、言葉遣いや文字量を十分吟味して、多く書きすぎないように気をつけてください。

　昨今では学年主任を若手教師が担うこともあり、学年研究部の運営内容が学年の教師にあまり浸透していなかったり、教頭・副校長の指導・助言が言葉だけではなかなか伝わらないことがあります。若手学年主任に事前に話をしても、経験不足から十分な理解ができないことも少なくありません。そこで、学年研究部の組織力の強化や若手学年主任の育成に活用できるのが、教頭・副校長が引率に加わり、言動を示すことでサポートのできる校外学習や宿泊学習です。

　しかし、これにも注意しておくことがあります。

　たとえば、若手学年主任に学年研究部の従来どおりの話し合いで立案・計画を任せてしまうと「何のために行うのか」が抜けてしまうことや、学年研究部で検討した内容を事前打ち合わせで伝達するやり方で進めさせた結果、学校経営方針・運営計画に基づかない実施計画になってしまい、それをそのまま保護者に説明してしまうことなどがあります。学校経営方針と大きく異なった実施計画になっていても、「例年のやり方とそんなに相違ないからいいか……」とあきらめることにもなりかねません。

　これを防止するには、教頭・副校長が計画・立案段階からかかわっていくことが重要です。とくに教育課程にかかわる大切な活動を実施する場合はなおさらです。教頭・副校長が学年研究部に直接参加して、若手学年主任を助けながら、**学校教育目標の具現化を意識した計画・立案となるよう支援・指導してください**。学年研究部にとっては、学校経営方針の理解を深める機会ともなります。もしくは、教務主任や主幹教諭が参加し、若手学年主任を助けるよう、協力体制をとるのもよいでしょう。

　校長とも事前に相談し、共通理解を図ったうえで、若手学年主任の立場や心情に配慮することも忘れずに支援していきましょう。

☑ 分掌の業務計画をもとに指導・助言していく！

　教職員は学年研究部のなかで主に教育活動の実践力を磨き、校務分掌の仕事では学校運営への参画意識を高めていきます。学校教育目標の具現化に向けて所属する分掌ではどのようなアプローチをしたらよいのか、これまでの活動を生かしながら自分の創意工夫を加え、仕事の計画立案・実施をしていくものです。これには全教職員を視野に入れて考えていかねばならないため、さまざまな人の立場や思いに配慮して、協働することの大切さを学ぶことができます。

　つまり、校務分掌の仕事をとおして、創造性と連携力を発動させ、学校運営への主体的な参加を促します。教職員集団への帰属意識の向上もねらえます。

　教頭・副校長としては、教職員が現状を維持するための業務を、責任をもって行うとともに、課題を整理して協議し、計画的・協働的に仕事を進めていくように指導・助言することになります。

　そのために、**各分掌に業務計画を作成させる**ことが有効です。業務計画には今年度の解決課題、月ごとの年間活動計画、職員会議の提案計画、業務分担を表記します。これを活用すると、各分掌の意向を尊重した指導・助言がしやすくなります。

　また、組織を生かした教職員同士の学び合いを中心とする OJT 促進のうえでも有効です。各分掌の運営状況は、職員会議での提案や行事に関連しているため、教務主任が各分掌の業務計画にしたがって進捗状況を確認し、業務内容の充実や調整を図ることがしやすくなります。

　まずは、業務計画のよさを認め・励まし、具体的な助言により業務進行を助けましょう。そして教職員の主体性を伸ばし、自信を育んでいきましょう。

仕事の任せ方

☑ 仕事をとおして育てていく！

「一番無責任なのは、自分でやってしまうことだ」。

若いころ、先輩から厳しく叱られたときの言葉です。今、人材育成をするうえで私が大切にしている言葉のひとつでもあります。言われた当時は何のことやらさっぱりわかりませんでした。学級担任としての子どもに対する指導に置き換えればすぐにわかることなのに、教職員のこととなるとわからなくなってしまう……不思議です。

子どもの力を伸ばすには、指導者がなんでも手を出して代わりにやってしまうのは避けなければいけません。伸びるチャンスを奪うことになります。子どもを育てる指導者は、「ちょうどいい不親切」でなければならないのです。

人は体験・経験を重ねて事の道理を理解していくものです。人を育てるとは、学校以外の経験も含めた多様な経験をとおして自己の人生を切り拓いていく力を養っていくことだと思います。

教職員の育成も同様です。人材（人財）育成とは「仕事をとおして自分の人生をつくる力を養う」ことだと、**上司として指導する立場にある管理職と指導を受ける教職員の双方が共通理解して職務にあたる**ことが基本となります。

私たち教育者は、学校教育活動全体をとおして、一人一人の子どもが豊かな人生をつくり出す力を育てています。子どもへの指導を

とおして、教職員も自分の在り方を見つめ、自分の生き方をつくり出しています。

　教頭・副校長として、育てる対象が変わっても、人を育てるうえで柱とすることは変わらないのです。豊かな指導経験を生かして、教職員育成を目的とした仕事の任せ方を考えていきましょう。

☑ 「人に任せる」意味を考えていく！

　教職員に仕事を任せるときは、事前に次のことを自問自答してみてください。「この仕事をとおして教職員の力量を伸ばすことができるか」「やる気を引き出せるか」。

　仕事の処理や進行だけを考えて任せようとすると、「何で自分がこんなことをやらされなければならないのか」といったマイナスの感情が教職員に湧き、嫌な印象を与えてしまうことがあります。

　何のためにその仕事をするのかをきちんと示すこと。そして「何のために」が学校運営上の目的と関連していることに加え、教職員の成長や自己目標とのつながりを考慮していることが大切です。つまり、**仕事の意義と自己成長の視点から仕事を任せる**のです。

　この視点をもとにして上記の２つのことを考えておけば、「どうしてこの仕事を私に？」と問われたときにしっかり説明できますし、拒否反応を示されたときにも教職員への嫌な感情が芽生えることも少なくなるでしょう。なお、このような意図を教職員本人にそのつど伝える必要はありませんが、仕事をやり遂げたときなどの節目に伝え、価値づけ、本人の意欲向上につなげていきましょう。

☑ 意図的・計画的に仕事を任せていく！

　すると、仕事を任せるときの心持ちや語りかけがおのずと変わり

ます。そして、教職員が自分の成長を目的に仕事を任せてくれているのだと感じると、教頭・副校長の話を素直に聞いてくれるようになります。また、**学校運営の視点に基づいて任せる仕事の意義を説明することで、仕事の責任を理解して主体的に取り組む意欲を喚起できます。**

　教職員は管理職の駒ではありません。一人一人が成長の可能性を豊かにもっている存在です。その可能性を大切に伸ばしていくために、適切な仕事を意図的・計画的に任せていくことが管理職の指導力であり責務です。教職員の成長を意図することを忘れずに、キャリアステージや役割に合わせて、成長を促す仕事の任せ方に挑戦していきましょう。

☑ 教職員の主体性を掘り起こす！

　教職員に仕事を任せたらそれで終わり……ではありません。仕事が完了するゴールにたどりつくまで進捗状況を確認し、必要に応じて支援するのが任せるということです。

　最近の傾向として、締切ぎりぎりに仕事をやり、仕事の質に目を向ける余裕がなく、自己成長に役立てることができない人が増えているように感じます。これにはさまざまな原因が考えられますが、仕事の優先順位をつけて計画的に仕事を進めることができないのが原因のひとつになっていると考えています。

　教頭・副校長として、仕事の完了期日から逆算して計画を立てさせ、仕事を終わらせる方法を支援していく必要があります。

　まず、**新たな仕事を任せるときは、最低でも1ヵ月ほど前に予告や指示をしておきましょう。**とくに予告はお勧めです。予告は「あなたに期待している」というメッセージですし、教職員は「これから自分に新たな仕事が任されるのだ」と心の準備をすることができ

ます。すると「その仕事で解決すべき課題は何か」などと自分なり
に思考を巡らせる教職員も出てきます。

　ちょっとした工夫と思いやりが、教職員の可能性を伸ばし、主体
性を引き出すことにもつながるのです。

☑ 組織的支援で達成感を味わわせていく！

　予告をした翌週あたりで、任せたい仕事について正式に話をしま
しょう。チームであたる仕事であれば、まずリーダーに話をします。
任せる仕事内容と意図を課題解決と人材育成の視点から説明し、理
解を得ます。解決方法の案は、教職員の考えを聞き、取り組むべき
仕事のイメージを明確化していきます。解決課題が複雑であれば、
サブリーダーや教務主任を同席させて、リーダーを支援する体制を
つくっておくことも有効です。

　そして、スケジュール確認をします。仕事をする教職員の都合に
耳を傾け、調整します。完了までの期間を準備内容や量から鑑み３
分割して、進捗状況を確認し、相談に応じていくとよいでしょう。

　初めの３分の１が過ぎた時点では、問題解決について困っている
ことはないか、支援を加える必要はないかをリーダーから聞き取り
ます。また、スケジュール調整を加える必要がないかも確かめて、
必要に応じて調整を図る支援をします。その際はできるだけ既存の
組織や主幹教諭、教務主任などに任せ、組織的支援を行いましょう。

　次の３分の１が過ぎた時点では、仕事の完成に向けてまとめ方や
伝え方など他者意識の視点をもって調整します。

　こうして**ゴールにたどりつくまで横に立って支援し、自らやり遂
げた達成感を味わわせる**ことが肝要です。人は主体的に事をなすこ
とで自らを大きく成長させ、次への意欲を高めていきます。教職員
の成長は教頭・副校長冥利に尽きるものです。

人事評価を
人材育成に生かす[1]

☑ 人事評価を人材育成の機会としていく！

　新しい人事評価制度は 2016 年度から始まり、具体的な評価規準や評価方法、評価項目などは自治体ごとに規定されています。能力評価・業績評価を行い、教職員の「任用、給与、分限その他の人事管理の基礎として活用するもの」とされています。人事評価はさまざまな方法で実施され、給与に反映している自治体もあれば、教頭・副校長が評価者として加わらないところもあるようです。

　自治体によって実施方法や形態等に違いはありますが、人事評価の大きなねらいとして**人事評価を人材育成につなげていくこと**は全国どこも一緒ですし、教頭・副校長の職務として外せないポイントです。加えて、教職員の自己成長につながる機会となるよう、人事評価の趣旨を理解させ、活用していく視点も忘れてはなりません。

☑ 評価は指導と一体化させていく！

　子どもに対する学習評価でよく「指導と評価の一体化」と言われるように、評価は指導と表裏一体となるものです。それは人事評価においても同様であり、教頭・副校長が教職員の育成（指導）計画を立てる、すなわち教職員一人一人に期待する成長の姿をイメージすることから評価は始まっていると言えます。指導する＝育成を目

的としたかかわりをせずに対象者を評価することはできないと心して人事評価にあたってください。

　教職員理解と同じように、人事評価も校長との共通理解が欠かせません。教頭・副校長は教職員指導の中核的存在ですから、人事評価の機会を生かして、教職員への指導方針、一人一人の捉えや育成の方向性を校長とぜひ語り合ってください。

　これらを踏まえたうえで、教職員一人一人が主体的に業務にあたれるように、成長の状況を見取って指導目標や内容を考えていきます。まずは教職員への適切な指導に力を尽くしていきましょう。これまで皆さんが多くの子どもたちを評価してきた経験を生かして、**教職員を守り育てる視点をもとに、指導と一体化させた人事評価に取り組んでほしい**と思います。

☑ 校長の経営目標とすり合わせていく！

　人事評価ではまず、教職員が決められた様式に沿って教科指導、教科外指導、校務分掌などの仕事内容ごとに自己目標を立てます。

　その後、年度当初に校長から示される学校教育目標の実現に向けた経営方針に基づいて、学年・学級等の経営方針が教職員から提示され、併せて校務分掌も経営方針に基づいて１年間の仕事の方針や内容が定まってくるのが筋です。

　しかし実態としては、学校教育目標や経営方針に基づいて学級経営や校務分掌などの自己目標や内容を検討していることは少ないのではないでしょうか。教頭・副校長として、**教職員が人事評価の自己目標を立てる機会を活用して、教職員の学校運営への参画意識を高めていく**必要があります。

　教職員全体に自己目標の設定方法を説明する際や教頭・副校長との面談時に、内容によっては自己目標の変更を求める場合もあるこ

とをきちんと伝えておきます。

　教職員との面談では一人一人の思いを聞き取りながら、校長の経営方針と教職員の自己目標をすり合わせ、適切な目標設定への気づきを促していきます。経営方針への理解を深めさせ、学校運営への参画意識を高めます。

　教職員にとっても、自分の思いを聞いてもらいながら目標設定の課題に気づき、考えを深められたという満足感を得ることができます。そして、自分自身の理解を深めることにもつながっていくのです。

　人材育成においては自己理解を深めていくことが重要ですから、自己理解が深まらないと、どんなによい経験も自己成長につながっていきません。ぜひ、**自己理解をキーワードに面談や目標設定の指導を丁寧に行ってみてください。**

　人事評価は教職員の自己目標設定がポイントとなります。教職員との信頼関係を深める大きなチャンスとして捉えて取り組んでみましょう。

☑ 具体的手立ての設定を指導・支援していく！

　教職員との面談でもうひとつ確認しておきたいことがあります。

　それは自己目標を実現するための具体的手立てです。教頭・副校長として、教職員が具体的手立てを設定できているか、またどんな具体的手立てを設定したらよいか、指導・支援していきます。具体的手立ては、言動にまで落とし込んで自己評価ができる内容を含む行動目標を設定することが大切です。

　学級担任が教科指導について「問題解決能力の育成を図りたい」という目標設定をしたとしましょう。その具体的手立てにはいろいろな方法があります。

　たとえば「教材研究を多面的に行い、児童が興味を強く示す問題

に単元の導入で取り組めるよう準備する」「授業後に振り返りをノートに記録させたり、テストの結果を確認したりして、問題解決能力の伸長を確認する」などです。

　自己目標を実現するための具体的手立てを設定して自己評価をどのようにするかまで考えさせることで、**教職員の自ら学ぶ力を養っていきます。**

　このような自己評価までを含めた具体的手立ての設定によって、指導・評価者である教頭・副校長の、教職員一人一人の目標に寄り添った具体的な指導・助言が可能となるのです。すると信頼関係が深まり、人事評価の有用性を共有できるようになります。

☑ **振り返りで自己理解を深めていく！**

　さらに、具体的手立ては、目標設定もそうですが、教職員のキャリアステージに応じて決めていくことを忘れてはなりません。経験年数、立場により、目標や具体的手立ては段階を追って難易度が上がります。ですから、評価規準もキャリアステージにより異なるわけです。キャリアステージの段階を示すことで、自分の仕事の内容や責任を知り、組織の中で担うべき役割について理解を促していきます。こうして教職員の職務への責任感も醸成していくのです。

　前述のとおり、人事評価のねらいや目的は教職員の育成にあります。自ら設定した目標に対して具体的手立てを講じ、**どの段階まで実現できているのかを自己評価し振り返ることで自己理解が深まります。**教頭・副校長は、この取組を日常化させていくことが大事です。たとえば、週学習指導案の振り返り欄に、自己目標に照らし合わせた毎週の指導の振り返りを書かせていくと有効です。

　人事評価をとおした振り返りの機会も活用して、効果的な人材育成に取り組んでいきましょう。

人事評価を 人材育成に生かす［2］

> ☑ 教職員への指導・助言を自己評価していく！

　自治体によっては毎年、人事評価について教育委員会から管理職向けに説明会が開かれていると思います。そのなかで「評価が高すぎることに注意してほしい」と言われることはありませんか。

　誰しも自分の学校の教職員を高く評価したいという気持ちが働きます。期待も含めて事実よりもやや高い評価を与えてしまいそうになるのは、学級担任のときに経験したことがある方も多いのではないでしょうか。

　しかし、管理職として人事評価をするとなると、原因はそれだけではなさそうです。人事評価に対する教職員からの意見具申や苦情を回避したいという気持ちが働き、高い評価を与えてしまうこともあるようです。管理職も人間ですから、意見具申や苦情はできれば耳にしたくないのです。

　とはいえ、教職員の人事管理を担う管理職ですから、耳の痛いことでも受けとめていかねばなりません。ではどんな場合、人事評価にかかるトラブルが起こるのか。それは、教職員からの意見具申や苦情について事実に基づく説明をしても納得してもらえないときです。その根底にあるのは不信感です。いくら事実を記録して説明しても、**教職員一人一人との信頼関係が築かれていなければ問題解決に至らない**ことがあります。

不信感払拭のカギとなるのは、**常に教職員の成長を願って指導・助言にあたること、厳しくも温かく、誰にでも同じように心を平らかにして接する管理職の誠実な姿**です。

　教職員が設定した自己目標や具体的手立てに沿って、事実を捉え、記録し、それに基づいた指導・助言をして、ゴールに導いていこうと努めている姿が相手を納得させるのです。冷徹な説明だけでは教職員を納得させることはできません。

　加えて、教職員は自分への接し方だけを見ているのではありません。信頼し尊敬したい管理職が同僚にどのように接しているかもよく見ています。そして、総合的に見て信頼できる人物かどうかをはかっています。

　学級担任のときと同様、相手を評価することは、自分の指導・助言を評価することにほかなりません。「評価することは、評価されること」を肝に銘じて取り組んでいきましょう。

☑ 教職員に期待する役割を明らかにしていく！

　113頁で説明したとおり、人事評価は、教職員一人一人が自ら1年間の仕事の目標を設定することから始まります。同時に学級・教科等の経営や校務分掌について、校長の学校経営方針に基づいた取組の重点を共通理解していくことも欠かせません。

　学校教育は組織で行うものですから、教職員は集団の中での自分の役割をしっかりと認識する必要があります。管理職から与えられた目標と照らし合わせながら、自己目標と具体的手立てを明確にしていきます。

　そのことを前提に、教頭・副校長は教職員のキャリアステージに応じたアドバイスをしていきます。教職員一人一人に期待する役割を明らかにし、各人がもつ力を生かすことのできる次のステップを

イメージして導いていく必要があります。その過程では、管理職が**教職員と学校課題について語り合い共通理解する**ことが大切ですが、あまりなされていないのが現実ではないでしょうか。

　そもそも管理職と教職員の共通理解は、集団としてのまとまりを形成し、所属感を高揚させる重要なカギであることを再認識しておく必要があります。再認識とお伝えしたのは、皆さんには学級経営の経験があるからです。集団としてまとまっている学級は、一人一人の子どもがよい集団をつくっていこうと生き生きとしており、共通理解がなされています。学級目標達成のために自分の役割を理解し、自己目標を立てて主体的に活動しています。教職員集団も同様です。

　学校課題の共通理解を進めていくには、まず教頭・副校長と校長で認識を共有し、教職員への伝え方も打ち合わせておきます。この準備を丁寧に確実に進めていくことが大事です。

　このようにして、人事評価をキャリアステージに応じた人材育成の機会としていくのです。なお、各都道府県・政令指定都市教育委員会が策定しているキャリアステージごとの指標を参考にすると一般化を図れますので、ぜひ活用してみてください。

☑ 振り返りながら教職員の気づきを促す！

　人事評価は中間期の評価もポイントとなります。教職員が前期の取組状況を振り返り、後期の取組について計画を見直します。

　教頭・副校長は前期の取組を認め・励ますと同時に、教職員の自己評価の状況を把握します。ちなみに、教職員には前期の取組を数値や記号で自己評価することにも挑戦させてみてください。自治体によっては、文章による自己評価を記述し、取組内容を変更することができるようにしているものも見られます。文章による自己評価

ももちろん大切ですが、数値や記号で端的に表すことも人材育成には有効です。

　中間期の評価では、教職員の前期自己評価をもとに面談をします。自己評価の根拠を聞き取りながら、前期の振り返りができるよう話を向けていくことで、教職員がどう自己理解しているかをつかんでいきます。また、気になる自己評価をしている教職員には時間をしっかりとって話す必要があります。

　困難と感じていることも聞き取るようにします。**話を聞き取りながら、教職員が自分の取組のよさや課題に気づき、主体的に具体的解決策を模索していけるように導きます。**管理職、教師、人生の先輩として、具体的な解決方法をいくつか示してあげることも必要ですが、考えて行動するのは本人です。あまり指示的にならないように、「ちょうどいい不親切」を胸にアドバイスしてください。

☑ 自己評価力を向上させて育てていく！

　教職員が自分を適切に評価するのは、たいへんむずかしいことです。人の長所と短所は、環境や状況、見方・考え方でどちらにも転ぶものだからです。自分がどのような実績をあげているのかを自己目標に照らして判断するには、多面的な視野をもつ他者による評価が必要です。他者評価と自己評価を重ねることで、適切に評価できる力がついてきます。

　また、自分の実践や取組を判断＝評価する学びの積み重ねは、経験や力量に応じて適切な業務評価を自分自身で行い、主体的に仕事にあたる力を養うことにもつながります。

　教頭・副校長が中間期の自己評価をもとに面談を実施しておくことで、**一人一人の仕事への意欲を喚起するとともに、自己評価の是正も図れます。**すなわち、人事評価の効果的な活用となるのです。

Chapter
4

場面別・対象別
人材育成

保護者対応が苦手な 教職員への指導

☑ まずは意識を変えていく！

　人を育てることが教職の仕事ですが、日ごろ年齢差がある児童生徒とのコミュニケーションを主としているためか、保護者をはじめとする大人とのコミュニケーションが苦手な教職員が少なくありません。

　また、私たち管理職でも「保護者対応」と聞いてよい印象をもっている人はそう多くないと思います。少し古い調査になりますが、文部科学省「教職員の業務実態調査」（2014 年）では、「副校長・教頭及び教諭の従事率・負担感率 50％以上の業務」に「保護者・地域からの要望・苦情等への対応」があげられています。何か問題が生じたときの対応で保護者と面することが多いため、そのように感じているのでしょう。

　保護者対応ではまず「保護者＝トラブル」という印象や思い込みを変える必要があります。これは教職員に指導するときにも柱にしたいことです。

　仮に何か問題が生じてから保護者とコミュニケーションをとる場合は、さまざまな困難を乗り越えなければなりません。緊張感も相当高くなります。

　教職員への指導では、この緊張感をいかに和らげてあげられるかを中心に考えていきたいと思います。

☑ **保護者の実態を把握しておく！**

　今の保護者は多忙です。都市部では親子だけの家庭生活を送っている人がほとんどで、子育ての悩みを経験豊かな人に相談することなく、自分たちで必死に解決しながら生活している人が多いのです。そのうえ、多様な経験が少ないことやSNSの普及などによりさまざまな情報に惑わされ、失敗を恐れ、不安を抱えている人が多いことも考えられます。そのため、三世代同居が当たり前だったころに比べ、教職員は保護者にとって毎日の子育てを共に行っている大きな存在として映っているのです。

　これらのことを前提として、学校としてどのように保護者に対応していけばよいかを考えます。また、**人とのコミュニケーションの基本は、相手の立場に立って接すること**を忘れてはいけません。

☑ **信頼関係構築に取り組ませていく！**

　保護者への対応は基本的に組織で行っていきますが、ここでは窓口となる教職員への指導を考えていきます。教職員への保護者対応上の指導は未然防止の取組が基本となります。それには保護者との信頼関係の構築が欠かせません。

　とくに、配慮が必要な児童生徒の家庭には、子どもの成長の姿やよい行いについて連絡帳や電話などを使って知らせることが有効です。もちろん、タイミングが合えば顔を合わせて話すことが一番です。学級だよりも有効ですが、ピンポイントで連絡をもらえる特別感は格別なものです。

　一般的に保護者は、学校からの連絡はたいてい悪い知らせだと思っています。だからこそ、よい知らせはとてもうれしいものですし、自分の子どものよいところを見て知らせてもらったら、親は信

Chapter 4

場面別・対象別人材育成

頼の扉を開きたいと思うに違いありません。**保護者への連絡はよい
ことから始めるように教職員を指導しましょう。**

　この一歩を先んじて教職員に取り組ませておくことで、いざ問題
が生じたとしても、互いの緊張感を和らげ、協力態勢がつくりやす
くなるのです。保護者の不安感・緊張感を日々のかかわりのなかで
丁寧にゆるめていくよう、教職員に指導・助言をしてください。

☑ 保護者対応計画書を作成させていく！

　保護者対応を苦手とする教職員は、問題解決のイメージが湧かな
かったり、保護者との共通理解が足りずにすっきりと解決できず、
もやもやとした嫌な印象をもったままであることが往々にしてあり
ます。そのために対応力が伸びてきません。

　問題解決イメージを学年などのチームで話し合い、共通理解させ
ていきましょう。「どうしたいのか」を言語化して、人にわかって
もらえるようにすることが肝心なのです。このことでチーム構成員
が助言しやすくなります。

　次に、チームで作成した解決イメージに基づいて、計画書を作成
させていきます。**計画書を作成して対応を準備することで、教職員
の緊張感を和らげ、自信をもって保護者対応に臨めるようにしてい
く**のです。

☑ 計画書をもとに助言していく！

　「保護者対応計画書」は、1単元または1時間の学習指導案と同
じように考えて作成します。必ず表記する項目は次の5つです。
　①今回の保護者対応のねらい（目的）は何か
　②解決のイメージ

③解決に結びつけるための手立て

④誰が何をするのか

⑤解決までの時間

　作成を困難と感じる教職員もいますので、学年主任や教頭・副校長が支援していくことで、保護者対応が苦手な教職員を育てていきます。

　保護者対応が長期にわたる場合は、**対応ごとの計画と解決期間の計画を大まかに立てると、先の見通しも含めて共通理解しやすく、チーム対応が円滑に進みます。**

　また、電話で話して解決できるような問題であっても、計画書があると、助言をしやすくなりますし、記録を残すこともできます。保護者と電話対応する教職員の横について、計画書のコピーをもとにメモを示して助言することもできます。

　比較的むずかしくない対応のときから計画書を作成して対応していくことに慣れておけば、大きな問題解決のときにも、落ち着いて考えることができるようになります。

☑ 対応を振り返らせ成長につなげていく！

　保護者対応が終わったら、教職員に必ず報告をさせてください。

　まずは、ねぎらいの一言を伝えましょう。そして、計画書と記録をもとに共に振り返り、対応でよかったことと課題について語るよう導いてください。**教職員に語らせる**ことが大切です。

　あくまでも、対応した教職員の育成を目的として指導・助言し、苦手意識を少しずつ薄れさせるよう支援してください。「教職員は守り育てるもの」という意識を忘れずに取組を続けましょう。

授業力向上のための指導

☑ 年 4,000 時間の授業を省察できる教師を育てる！

　教師にとって最も大切な仕事は、授業をとおして子どもたちの今ある力を伸ばし、人生の目標に向かって自らの歩みを進めていこうとする希望を育むことではないでしょうか。つまり、授業は教師にとっての命とも言えるものです。1 週間に 20 時間、200 日授業を行うとすると、年間 4,000 時間の授業を行うことになります。この 4,000 時間を大切にし、自分の授業のよさと課題を見つめていくことのできる教師を育てることが、学校をよくしていく根幹にあるはずです。

　しかし一方で、毎日、毎時間、目の前の子どもたちが授業に参加してくれることが日常となっていて、「自分の授業で子どもたちは満足している」「このままの授業を続ければよい」というような考えに陥ってしまう教師もいるかもしれません。それぞれの教師が自身の授業を振り返り、**子どもにとって価値ある授業であるか、子どもたちにつけてもらいたい力が身につく授業であるかを客観的に見つめ、授業改善を図っていけるように育成していく**ことが必要です。

☑ 子どもの主体的な学びをめざす！

　子どもにとって価値ある授業とは、どんな授業でしょうか。教師

によっても、子どもにとってもこの捉え方はさまざまではないでしょうか。しかし、多様な価値観があるなかにも、「学んでよかった」「もっと学びたい」という子どもの主体的な学びを創り出すことはすべてに共通する基盤としてあるでしょう。そのためにも、①児童生徒理解に立った授業であること、②子どもの意欲を喚起する手立てが打たれていることの2つの要素は不可欠です。

　たとえば、先述の①児童生徒理解の要素には、各教科・領域や内容ごとに先行経験や習得状況を知る観点が含まれます。また、これまでの各教科の学習状況、興味・関心、生活経験、情緒的側面、所属集団での位置づけ、家庭状況なども含まれます。②子どもの意欲を喚起する手立ての要素にも、多様な観点があります。学習課題、発問、活動内容、学習展開、単元構成、板書、机間指導、提示資料、場の設定などです。こうした要素を踏まえながら、子どもが次の活動意欲をもつことができるようにし、それが連続していくことで「自分をつくる（＝自分を生きる）」ことにつながります。

　教頭・副校長が指導する際は、これらの要素のうち、**授業者の困り感や興味・関心を取りあげて重点的に行うことが大切**です。なぜなら、授業改善は客観的に自分を見つめ、自己改善を図ることによりなされることであり、自己理解を深めることそのものだからです。つまり、授業者も子どもと同様、意欲を高め、「学んでよかった」「次また学びたい」と思わなければ変わらないのです。**育てるということは、認め・励ましながら自己改善を促し、自己理解を深めさせることにほかなりません。**

☑ 板書に着目し指導する！

　指導のときには、説得力をもつよう、必ず事実に基づいて行いましょう。授業者の思いを聞きとりながら、本人の目標に近づくため

127

にはどうしたらよいか、共に語り合って気づきを促し、「そうか、やってみよう」と思えるような指導でなければ意味がありません。事実に基づいた指導を行ううえで、ぴったりなのが「板書」です。

板書は、広さが決まっている黒板等に問題提示から解決に至るまでの思考を整理して表すものです。つまり、授業力を見るために必要なポイントが板書には多くあります。そのうえ、板書は記録・保存することができます。授業後に写真に残し、授業者が重点的に学びたいことに沿って振り返りながら、その板書で子どもの思考を助け、意欲を喚起できたのか、発問や展開は適切だったのかと他の観点にも広げて振り返ったり、自己評価したりすることもできます。

忙しい教頭・副校長にとって、なかなかじっくり腰を据えて語り合う指導の時間をとることはむずかしいはずです。ですが、板書を観点のひとつとして指導することで、短い時間でワンポイントアドバイスをすることができます。**短時間の指導を繰り返し、回数を重ねていくことで、指導・助言する範囲や段階を熟慮しながら進めることができます。**また、授業者が「自分の授業を気にかけてくれている」と感じて有効にはたらくだけでなく、授業者自身が、徐々に適切に振り返る力を伸ばすことにもつながります。

☑ ICT 活用の目的を明確にする！

また、ICT 機器の活用もこれからの授業力には欠かせない要素になってきます。ICT 活用について指導・助言するときには、**子どものリテラシーはどの程度であるか、ICT 活用のねらいは何かを意識させる**ことが肝心です。

子どものリテラシーがないままに ICT を有効に活用することはできません。子どものリテラシーに応じた活用を意識させていく必要があります。また、ある程度のリテラシーを身につけると子どもが

自ら ICT を活用するようになります。そのときに注意したいのが、目的にあった活用ができているかです。ICT はあくまで「道具」です。鉛筆では墨の字が書けないように、ICT のメリット・デメリットを意識して指導・助言する必要があります。ICT を使うことが目的となる授業ではなく、学びを促す道具として位置づけましょう。

☑ 講師を招いた校内授業研究会をコーディネートする！

　指導力向上を図るためには、教職員が多面的に自分自身を理解していくことが大切です。また、人に授業を見てもらい、よさや課題を見つめ改善を図ることも欠かせません。授業研究会にはこうした目的があることを認識しましょう。

　授業研究会では指導案を作成し授業計画を示して同僚に事前に検討してもらい、修正を加えて授業をします。授業は公開し、同僚やその教科・領域の授業に造詣が深い人に講師として見てもらい、事後には検討会も行います。**講師に授業を見てもらうことは、授業の質を多面的・客観的に見つめ直し評価を得る機会**となります。言い換えると、異なる視点から自分の授業を理解し、自己理解を深めていくことと言えます。

　教頭・副校長は、事前の指導案の検討に参加して、**公開する授業が子どもにとって価値ある授業となるよう授業者の意向を踏まえて助言し、力づけ**ていきます。必ずよいところを見つけて、認め・励ますことから始め、改善すべき点については、授業者の力に応じて指導・助言してください。

　抽象的に伝えて自分で考えるほうが力を伸ばすことができる教職員、具体的に指示することで力を伸ばすことができる教職員など、相手に合わせて指導・助言をし、目的地に達するようコーチングしましょう。

若手教員の育成

> ☑ 経験不足の若手に経験を積ませていく！

　皆さんは、コロナ禍をとおして、私たち教育職が多くの方々の生活の基礎を支える大切な仕事を担っていることを改めて実感されていることと思います。私たちが健康と元気を保ち、子どもたちの心身の健全育成をしっかりと行っていくことが、多くの方々の心の安定や安心につながることを再認識されたはずです。

　一方で、教職員の個人差がはっきり見えてきたとも言えるのではないでしょうか。たとえばこんな教職員はいませんか。そのときの状況がすべてと捉えて消極的に考え、自分と同じように考える人と行動を共にする教職員。あるいは、そのときの状況を受けとめ、いつか好転することをめざして、今だからできることをしようと与えられた条件のなかで創造的に行動する教職員。

　このような違いが見られるのは自然なことではありますが、だからと言って前者を放置していては学校の教育力は向上しません。そのなかでもとくに若手は共通経験が少ないなどの要因から、個人の感覚や感情に流されてしまいがちで前者の傾向が強くなりがちです。

　教頭・副校長として、**若手の柔軟性や判断力を伸ばし、責任感を育てていく**ことが必要です。そのためには、教育活動の充実に向けて力を尽くし、困難を共に乗り越える共通体験・経験を積ませていかなければなりません。

☑ まずは若手をほめる！

「今の人はほめられないと動けない」。

若手を評する言葉としてよく耳にしませんか。さまざまな原因が考えられますが、大きな原因のひとつに、幼少期から成人までの成長過程で多様な経験量が少ないことがあげられます。そのうえ、以前に比べると一緒に生活する家族の人数も減り、三世代同居も減りました。家族からのアドバイスに悩みを深め、試行錯誤し工夫して問題解決することも減り、無意識のうちに大人に解決してもらう経験を積んで社会に出ている可能性があるのではないかとも思います。

経験が少ないということは、さまざまな変化や問題に直面した際、自ら解決方法を考えて適切に判断し行動することや、変化の兆しを感じ取ることがむずかしい状態にあると言えます。そのうえ、経験という根拠に裏打ちされた、地に足をついた自信が乏しいわけですから、自分の課題を指摘されると、強い不安に襲われて「嫌な感情」に支配されてしまいます。自分で立ち上がり歩みなおす経験が少ないために、一度でも転んでしまうと、心の中で「一大事発生！」となって当惑してしまい、助けを求めることもむずかしくなります。

だからこそ、自己有用感を確認するために、若手はまず「ほめられること」が必要なのです。

しかし、この**自己有用感を肥大化させないように気をつけなければなりません**。若手の自己有用感を適度に高め、維持するには、教育実践のよかったことや課題を教頭・副校長や主幹教諭等と共に振り返り、他の活動との相違点を整理・統合する機会を適時設けていくことです。この経験をとおして実践に裏打ちされた自信をつけさせながら、主体性を育て、自己理解を促していく必要があります。

同僚との共通体験も非常に有効です。共通体験を語ることで、言語理解つまり概念の共通化や感情の動きの共有化経験となり、コ

ミュニケーション能力や人の痛み、喜びを的確に理解する力を高められます。

　これらを重ねることで、若手は根拠のある自信をつけていきます。そうすれば、仮に課題を指摘されても叱られても、「叱られる＝否定される」のではなく、「叱られる＝自己改善できるチャンスを与えられた＝大切に思われている」と理解するようになります。

　もちろん上述したことは、あくまでも傾向です。年齢にかかわらず、豊かな経験をもち、出来事の真意を読み取って自己理解を深め、問題解決力を高めていく若手もいます。個々の教職員の力を見取って、生き生きと教育活動にあたれるよう育てていきましょう。

☑ 話をしっかりと聞いて安心感・信頼感を高める！

　若手をほめるときは、認め・励ますことを第一にします。小さなこと、よく見ないとわからないこと、子どもや同僚のためにしたことをほめるのが大切です。ほめることをとおして、人として望ましい行動や、教師として求められる姿や大切にしたい価値観を伝えます。教頭・副校長として教職員に期待していること、学校運営で柱としている考え方など、教育理念にかかわることも伝えていきます。

　そしてほめる機会を活用して、**なるべく早期に児童生徒への指導に関する悩みを聞く**ようにもしてください。じっくりと若手の話を聞いて、対話しながら自分自身で改善の方向性を見つけていけるように導いていくことが大切です。そのとき、けっして**教頭・副校長が多くを話してはいけません**。ましてや成功体験や武勇伝を語るなどはもってのほかです。話してよいのは、失敗体験や今もなおもち合わせている未熟さ・悩みについてのみだと心得ておいてください。

　若手は自分の話を聞いてもらえたことに満足し、安心感が高まります。教頭・副校長への信頼感が高まり、話を聞く心が整っていき

ます。自分へのプラス評価の実感がないと、上司の話を理解する心理状態とならないのが、経験の少ない若手の心の特徴でもあります。

☑ チェックリストを活用する！

　若手に自分の仕事ができているかどうかを確認する力を育てたり、確認するうえでの観点を理解させ、責任感をもたせていくには、チェックリストの活用が有効です。私は以下のような文書点検チェックリストをつくり、若手を認め・励ますために活用してきました。

　育成目的に合わせて項目を設定し、日常的に活用してみましょう。教師として身につけたいことや価値を視点として自分の仕事を振り返り、チェックリストを使って若手が仕事への理解を深められるようにします。行動と言葉を結びつけ、責任感をもたせ、丁寧に育てていきましょう。

文書点検チェックリスト

	点検項目	チェック
1	日にち・曜日など日程の間違いがない（読み上げ・確認を2名で行う）	☐
2	誤字・脱字がない。数字の間違いがない	☐
3	文章にねじれがない（主語・修飾語・述語の順番が適切である）	☐
4	人権を傷つける表現がない	☐
5	個人情報の保護がなされている（写真・名前など）	☐
6	3行以上の文章になっていない（2～3行で一文が終わるようにする）	☐
7	小学校・公教育にふさわしい表現になっている（おうち⇒家庭・家など）	☐
8	複数の数字を2段に分解して表記していない（〇123⇒×12改行3）	☐
9	わかりやすい見出しがついている（6月7日体験学習説明会など）	☐
10	明確で責任をもって考えを伝える表現になっている（×～～のようです）	☐

ベテラン教員の育成

☑ ベテラン教員の力を生かす！

「ベテラン」と聞いて皆さんはどのようなイメージをおもちですか。ベテランの意味を調べてみると、「ある特定の領域や分野において、豊富な経験をもっている人や、優れた知識や技術をもっている人のことで、これらを使いこなしているような人のこと」と示されています。

学校現場では、ある特定の指導力や業務遂行力には優れているが、役職を望まない教職員という捉え方もあるのではないでしょうか。

本来の意味によれば、ベテラン教員が主幹教諭や管理職となり、実践に裏打ちされた説得力をもって学校運営の推進役となることが望ましいでしょう。

しかし、学校運営には積極的に参画せず、自分の指導力を磨くことのみに傾注するベテランを指導・支援し、学校運営に力を発揮させることはそう簡単ではありません。ベテラン教員の力を生かすために、教頭・副校長は何をすればよいのでしょう。

☑ ベテラン教員の痛みを知る！

さて、自分の仕事にこだわりとプライドをもっているベテラン教員の心のうちは、いつも自信に満ちているのでしょうか。私は大半

のベテランが自分の指導力や業務遂行力に深い悩みを抱えていると考えています。

　ベテラン教員は、教師としての自己イメージに何とかたどりつきたいと考えているからこそ、自分の興味・関心のある分野に力を注ごうと励んできたのだと思います。しかし、年齢や経験から、これからの自己改善がむずかしいことに気づいている。状況の打開もむずかしいと気づいているのだと思います。

　たとえば、自身の健康状態、家庭状況、学校を取り巻く環境の大きな変化など、今後の力量の伸長や自己成長を阻むさまざまな障壁を抱えているのではないでしょうか。そのようななかで**学校での自分の居場所や存在意義について深く悩んでいる**のではないでしょうか。この悩みは40代半ばくらいから始まるように感じています。ちょうど体の変化が起きるころです。

　ですから、ベテラン教員は新しい多様な分野の仕事に取り組んでいくことに抵抗を示し、声高に反対意見を述べたり「子どものためにならない」「働き方改革に逆行する」などの理由をあげて反発したりします。

　周囲の変化に合わせて自分の力を磨いたり、自己変革したりすることがむずかしいと感じ、先行きに不安を抱えていると言っても大きな間違いはないと思います。だからこそ、これまで培った自分の力に頼り、こだわるのです。

　これらのことから、ベテラン教員への指導は「プライドの維持」が勘所となります。

☑ ベテラン教員の得意なことを生かす！

　よく「立場が人を育てる」と言われますが、ベテランには「立場」を好まない教職員も多くいます。しかし、やはり周囲の教職員にとっ

て立場はその人の位置づけを知り、言動などの価値を判断する大きな手がかりであることは間違いありません。ですから、本人の得意とすることを踏まえ、それを生かせる立場を与えるのは学校運営上、外せないことなのです。ベテラン教員が得意分野を生かして後進育成に力を注げるよう、教頭・副校長は環境を整え、ベテランを支援し育てていかなければなりません。

　校長が充実した学校経営をしていくうえでも、ベテラン教員をどう生かすかは重要課題です。校内人事計画を立てるときに校長とよく話し合い、ぜひ自身の人材育成の考えを述べてください。積極的に校長の補佐を行ってほしいと思います。

　ベテラン教員は関心の高い分野においては優れていても、周囲との協調性や全体的視野に立った判断がむずかしい場合も少なくありません。**得意なことを生かして、人を育て責任を果たしていけるよう導く**ことが大切です。

☑ 若手育成に力を借りる！

　人を育てることは、そう簡単なことではありません。人づきあいが不得意なベテラン教員には、素直な若手をつけて育ててもらうとよいでしょう。両者の力の差がはっきりしているので、若手はベテランのこだわりを真っ直ぐに受けとめますし、ベテランは若手からよい影響を受けることができます。

　若手にはベテランの優れた点をしっかり伝えます。主体的にベテランから多くを学び、気づきや理解を深め、自己成長を図るよう指導・助言しておきます。

　ベテランにも若手のよさや課題を伝え、**めざす成長の姿について共通理解を図っておきます**。この共通理解がベテランを支え力を引き出します。前述のとおり、ベテランが自分の思いや考えにこだわ

りや高いプライドをもっているからです。ベテランの見方・考え方を尊重し、生かしたうえで、若手の「めざす姿」を目標として設定するよう十分話し合います。後進の育成に力を貸してもらうという姿勢でベテランに接し、力を伸ばしていくことが肝要です。

☑ お互いを補わせていく！

　これまで述べてきたとおり、ベテラン教員育成のポイントは、ベテランが狭く深く身につけた力、得意を生かすことです。その過程では当然、落ちや漏れ、報告・連絡・相談・連携において自分勝手と思える部分も見えてくるでしょう。これらの課題は本人に改善を求めるよりも、組織の力を生かした方が実質的な解決を得られます。ベテランが不得意とするところは、他の教職員を育てることで補うと考え、チーム力を上げていきます。誰しも得意・不得意の凸凹があるものです。この凸凹をどのように組み合わせて力強いものを構成していくかが私たち管理職の腕の見せどころです。

　自分の凸を使って他者の凹を補い、自分もまた凹を誰かの凸で補ってもらっていることを、日ごろから意識できるよう指導していきます。最も大切なのは、**凸凹が人間の魅力であることをベテランと若手が共有体験をとおして感得していく**ことです。

　教頭・副校長は、共有体験で「補う」ことの楽しさや凸凹のおもしろさについて価値づけ、互いの理解が深まるよう、日常会話などをとおしてベテランや若手に印象づけていきましょう。

　しかし、綺麗ごとばかりを言ってはいられません。どんなに小さなことでも仕事には責任が生じます。ベテラン教員に若手を育てる仕事を与えることで、自身の言動を振り返り、キャリアに見合う責任の重さに気づかせることは欠かせません。喉が渇いている自分に気づかせ、１杯の水を自ら飲めるよう導いていきましょう。

ミドルリーダーの育成

> ☑ ミドルリーダーとして機能させていく！

　ミドルリーダーという言葉はよく耳にするものの、その実像や機能についてはよくわからないのが正直なところではないでしょうか。さまざまな識者が語っていらっしゃいますが、示される業務や役割もさまざまです。

　私の考えるミドルリーダーは、管理職の示す学校経営方針を理解し、学校づくりのチーム＝校務分掌のリーダーとして分掌のメンバーと共に学校づくりを推進していく人です。該当する役職は、主幹教諭、指導教諭、教務主任、進路指導教諭、児童支援・生徒指導専任、学年主任、校務分掌主任などです。

　普段の役職を担いながら、全教職員の学校運営への参画意識を高め、主体的に学校づくりにかかわれるよう士気を上げ、業務推進力を発揮させて質の高い教育活動を実践していけるようにするのが主な役割です。

　そして管理職と教職員をつなぐコネクターとして、学校づくりの最前線で事をなしていく役割も担う重要な立場にあります。**ミドルリーダーがチームリーダー・コネクターとして機能することが、組織的な学校づくりを実現するポイントです。**

　では、ミドルリーダーが力を発揮するために、教頭・副校長は何をすればよいのでしょう。

☑ 主任の役割と責任を明確に示す！

校務分掌の業務分担は学校経営計画に位置づけられ、誰が何を行うのかが明確に示されていると思います。しかし、校務分掌や主任の役割は学校ごとに伝承として教職員間で受け継がれ、各自の理解に任されているのが通例となっているのではないでしょうか。

とはいえ、教頭・副校長の職務は組織的な学校づくりをして教育の質を向上させていくことですから、各校務分掌や主任としての役割と責任について、ミドルリーダーに伝承事項も踏まえながら明確に示し理解させていく必要があります。そして、教職員一人一人に主体的に業務にあたらせ、所属意識を高めていくことが肝要です。

ミドルリーダー（主任）には、後輩を育てる視点から、チームメンバーの意見を尊重し協働すること、一人一人の創造性を発揮させ**学校運営への参画意識を高揚させる**ことを助言しておきましょう。

☑ 分掌の計画づくりを指導・助言する！

年度当初、各校務分掌に期待する役割について説明する機会をもちます。校長が行うのが筋かと思われるかもしれませんが、状況によっては教頭・副校長もしくは主幹教諭等が行う方がより組織的に取り組めます。

説明をしたら、各分掌の業務活動計画の原案をミドルリーダー（主任）に作成してもらいます。学年主任が学年経営計画を作成するイメージです。次の項目をA4・1枚程度にまとめさせます。

○今年度の課題（解決課題）※学校経営方針と関連させる

○課題解決のための主な手立て

○月別計画

○業務分担

〇連携分掌および連携機関

　原案をもとにチームメンバーとの話し合いにより意見を吸い上げ調整し、計画書を仕上げます。ミドルリーダーの担当者がまとめ、一冊の冊子として全教職員に配付するよう指示します。各分掌が果たす役割を見える化して共有するためです。こうすることで他分掌の業務への関心を高めさせ、連携の円滑化を生み出していきます。

　併せて、教務主任等に各校務分掌の月別活動計画を統合した一覧表を作成させます。一覧表には職員会議やその前の調整会議の予定も入れます。各校務分掌の進捗状況が容易に把握できるようになり、ミドルリーダーへの指導・助言がしやすくなります。

　ミドルリーダー主導のもと、各分掌が機能するようになると、組織的な OJT が実現します。ミドルリーダーが実践をとおして教職員指導にあたれるようになるのです。コーチングスキルの向上にもつながり、さらなる組織力向上をねらえます。

　チームメンバーの教職員にとっては分掌での取組が共有体験を積む機会となり、所属意識の深まりを得ることになります。さらに先輩教師からの具体的な指導を受けられるため、経験の少ない教職員は仕事内容や意義を学び、キャリアアップできます。

　教頭・副校長はミドルリーダーを指導・支援する重要な役割を担っています。まずは計画づくりを入念に指導・助言していきましょう。なお、「計画はつくって終わり」ということもしばしばあります。そうならないよう、人材育成の視点をもって活用していく目的を忘れずに気をつけてください。

☑ 学年主任に学校運営の柱を任せる！

　学年主任は、育てたい子ども像に迫る実践を重ね、教育課程を創造する重要な役割を担っています。自校の教育課程を念頭に置いて

学年の教育計画を作成し、チームリーダーとして学級担任と共に実践を積み上げ、子どもたちの力を最大限に引き出し育てる学年集団をつくる役割を果たすことが期待されています。

　児童生徒理解に基づいた学級経営を行い、周囲の教職員が納得するほどの実践力を有する学年主任の力を学年内にとどめることなく、学校運営に反映させることで組織全体の強化につなげます。

　まず、学年主任の学校運営上の立場を明確にしていきます。児童生徒理解・指導、特別支援教育、教育課程、評価、研究など、自校で学校運営の柱とする分野の主任を任せます。これにより学年主任の考えを全体化していくと同時に、本人の力量を高めていくことができます。

　組織づくりについては校長の方針に基づき、教頭・副校長が教務主任や主幹教諭とともに原案を作成していくとよいでしょう。学校経営方針や学校規模、学年主任の状況によって任せる仕事は異なりますが、**学年主任には学校運営全体から見た学年運営の位置づけや在り方を意識させ、広い視野から教育活動や業務を見つめる力を育てる**ことが欠かせません。

　たとえば小学校では、低・中・高学年の２学年ごとにブロック主任を置いている学校もあります。ブロック主任は教務のメンバーになり、学校運営に直結するリーダーとして全体を束ねます。役割や立場が明確になると教頭・副校長は指導・助言がしやすくなります。

　組織を整理し、力を生かし結集することを心がけ、ミドルリーダーに身につけさせたいチームと全体をつなぐ力をしっかりと伸ばしていくようにしましょう。学年主任は子どもへの指導をとおして学年メンバーを育てる主軸です。チーム運営を認め・励まし、伸びやかに展開させていきましょう。そして、チームメンバーと協働して子どもの課題解決にあたる充足感を味わい、頼られることを意気に感じてリードする、そんな学年主任を育てていきたいものです。

後進＝次の管理職育成

☑ 教育の在り方を改めて考えたい！

　昨今は、管理職をめざす者が減り、組織的・計画的な学校改革を進めていくことが困難な状況が続いています。この状況を打破するためには、現場を預かるわれわれと大学を中心とする教員養成を担う教育関係者、文部科学省を含む行政が教育を包括的に捉えて改革を図らねば、根本的な課題解決には至らないと私は考えています。

　行き着くところは結局、教育の在り方です。他者の幸せのため自力を尽くすことに誇りをもち、喜びと幸せを感じることが尊いと実感できるか。そんな教育を多面的に実践していくことが求められています。

☑ 教職員のあこがれの的になる！

　「他者の幸せのため」に力を尽くすことが学校管理職の職責であり誇りです。とくに教頭・副校長は、多様な人の気持ちや状況に応じて指導、対処・対応し、教職員育成を図りながら課題解決にあたり組織を成長させていくことが仕事ですから、相当な見識と力量を必要とします。

　校長の職務のお話になりますが、校長は教頭・副校長職の重要性と価値をしっかりと認識したうえで、組織における位置づけを全教

職員に伝える必要があります。具体的には、新年度の校内組織を示すとき、教頭・副校長とミドルリーダーの役割を全教職員に説明し、意識づけていきます。その際、教頭・副校長として、自分が**勤務校で果たしていきたい役割をぜひ校長と語り合って**ください。学校経営方針が示されるとき、人事評価の面談のときがチャンスです。

　校長にとっても、学校経営方針等に沿って部下が十分な役割を果たそうと相談してくることはとてもうれしく、頼もしく感じるものです。

　少しハードルが高いと感じるかもしれませんが、初めに自分の考えを伝えることで、校長の意向や考えについての理解を深められます。これまでの慣習に囚（とら）われることのない、真の意味で積極的に校長の学校経営を助ける教頭・副校長が必要です。とくに昨今は、学校運営について自らの考えをもち、言動で表現し、実践を創りだしていく力を発揮する教頭・副校長が求められています。本書で重ねてお伝えしてきたように、学校運営の要（かなめ）は教頭・副校長なのです。

　管理職志望者が減るなか、これまで積み上げてきた経験を生かして積極的に仕事に臨み、教職員のあこがれの的となることが「後進＝次の管理職」を育てるうえで最も大切な視点です。

　「隗（かい）より始めよ」です。

☑ 教職員の調整力を育てる！

　すべての人材育成は「後進」を育てることが大きな目的です。「教育は人なり」と言われるように、人こそが充実した教育を実現するうえで最も重要な存在だからです。

　そして「立場が人を育てる」視点も大切です。人は責任を与えられることで初めてやり遂げる重要性や仕事の全容、他者との関係性が見えてくるものです。

とくにここ数年は、仕事の全容理解と他者等との関係性を学ばせることに力を注ぐ必要性を痛感しています。つまり、調整力の育成が肝要なのです。集団で事をなしていくうえで調整力は欠かせません。この力を育てるには**集団への帰属意識を醸成していく**必要があります。

　所属する集団を自他のためによくしていこうと思う気持ちを基盤として、教職員に共有体験を積ませます。困難を集団で乗り越えてひとつのことをなし遂げる喜びを共に味わう体験です。

　その点でコロナ禍は、教職員の共有体験をつくりだす重要なターニングポイントとなりました。教職員が一丸となってなし遂げてきた学校行事などのさまざまな全校活動がなくなり、不全感や無力感に陥ったことを忘れてはなりません。今後も感染防止対策をしっかり講じながら、この困難を全員で乗り越えた先に希望や達成感を感じられる共有体験ができるように学校運営を行っていくことが、人材育成の観点からも欠かせないことと心しておきましょう。

☑ 明確な視点をもつ！

　学校行事は、集団と個の両面から教職員を育てる重要な機会となります。ですから当然、「後進」を育てる重要な機会でもあるのです。誰に、どのような責任を与えるかがカギとなります。

　教職員には段階を追って多くの分掌との調整を図る業務に就かせていきます。「後進」候補である教務主任や主幹教諭には、最も多くの分掌と調整が必要な役割を与えることになります。

　与えられた役割が高レベルの職能を要し価値のあることだと、日常業務や打ち合わせ、組織づくりをとおして理解させていきます。この頂点に位置づいているのが教頭・副校長です。

　「後進」を育てるうえで最も重要な視点は、**帰属意識のうえに成**

り立つ**調整力を育てる**ことに尽きます。明確な視点をもって人材育成に取り組むことで、教職員の適切な自己評価力の向上にもつながります。

☑ 「後進」との定期的な打ち合わせを行う！

　教務主任や主幹教諭との打ち合わせを定期的に行います。学校課題をはじめ、些細なことも含めさまざまな事を話し合える場にします。1週間に一度のペースがよいと思います。この打ち合わせでは何を話し合うかが重要です。教頭・副校長はあらかじめ、この会の進め役の教職員と話し合う事項や内容を簡素に確認しておきます。

　確認するポイントは、学校の状況から調整を必要とする課題を取りあげて、それを解決するための話し合い項目を設定しているかどうかです。不足があれば、調整の視点から理由を付け添えて、話し合い項目として取りあげるように助言します。

　話し合いの場面では、まずは**「後進」の教務主任や主幹教諭の思いや願い、考えを十分聞きましょう**。思いや願いの実現に向けた問題解決の方針が立てられるように導きます。質問したり話を補ったりして、思いや願いを柱とする意図的・計画的・組織的な解決方法につくりあげていけるよう、考えを整理します。教務主任や主幹教諭が、自分の思いや願いを組織で実行する方策を組み立て、好影響を与えられそうだと思えるように話をまとめていきます。

　このような体験を重ねて、教務主任や主幹教諭は学校経営方針への理解を深めていきます。そして方針に基づいた課題解決の具体的方法を身につけ、ひと・もの・ことの調整技能も高まります。すると教職員からの信頼が深まり、自信も深めていきます。自らの働きかけで教職員が協働し、充足感を味わう姿を目の当たりにしたとき、「後進」の素養も高まります。

教員以外の職員の育成

> ☑ 専門職として位置づける！

　学校では、教員以外にさまざまな職種の職員が働いています。自治体によってその呼び方や仕事内容はさまざまですが、事務職員、技能職員（用務・調理）や図書館司書、栄養職員、職員室アシスタント、校務員、スクールカウンセラー、スクールソーシャルワーカー、部活動指導員、医療的ケア看護職員、情報通信技術支援員、特別支援教育支援員、教員業務支援員など、法的に位置づけられた職員も含め、多様な職種の職員が学校運営に参画しています。

　これらの職員の多くは子どもや保護者に直接かかわることが教員に比べると少なく、どの職種もほとんどが１、２名の少人数で行っています。言わば目立たぬ少数派、「縁の下の力持ち」です。この言葉のごとく、学校はこの少数派の職員がいて初めて成り立つものであり、**これらの職員の仕事は子どもや教員の学校生活を多面的に支える重要なもの**ばかりです。

　しかし、残念ながら職種の多様化とともに、教員が多様な職員の仕事内容を知らなかったり理解していなかったりする状況が広がっています。互いの仕事内容を理解しようとしない職場では、人は望ましい方向に育ちません。少なくとも、全教職員の担任である**教頭・副校長がこの多様な職員の業務内容を知り、理解していくことが、教員と職員の双方を育てていくうえで欠かせません。**そのうえで教

職員に対して、互いの仕事内容を理解できるように働きかけることも肝要です。

　人材育成は、どんな場合でも相手を理解することから始めます。日々の教頭・副校長業務をとおして、仕事内容の理解とともに、個々の職員の理解を多面的に進めてください。

　まずは仕事をしている様子を見て、仕事ぶりや向かう姿勢を確かめることから始めます。縁の下の力持ちとして誠実に仕事をしている姿に声をかけ、励ましや教育的な価値を伝えていきましょう。職員の多くは、学校の主役は教員であり、自分たちは脇役であるかのように感じてしまいがちです。だからこそ、縁の下の力持ちを大切に思う気持ちや教育的価値を伝えていくことが職員の自尊感情を育て、学校運営への参画意識を育てます。

　少数派の人が大切に思われていると感じる集団は健全であり、一人一人が自己伸長を図ることができます。少数派が自己伸長できる集団は、互いの人権を大切にしている集団と言っても過言ではないでしょう。つまり、職員が育つ集団は、教員も育つ集団と言って間違いありません。私たち管理職が、職員はそれぞれの分野の専門職であることを再認識し、年度当初に全教職員に位置づけを明らかにして伝えることが健全な職員集団づくりのはじめです。

　また、同時に業務内容も正しく知らせます。教育委員会発出の業務分担表を資料として活用すると、客観性を示すことができます。ぜひ、**教頭・副校長が職員と教員の間をつなぎ、互いの理解が進むように具体的手立てを打ち、一人一人の専門職としての価値を高めていきましょう。**

☑ 話し合いで教員と職員をつなぐ！

　職員は多様な職種、専門職、少数派という特徴から自己解釈で業

務を進めてしまったり、孤立してしまったりして、教頭・副校長としては、所属感や学校運営への参画意識を育てにくいと感じることもあるのではないでしょうか。だからこそ、**互いの仕事がどう関係しているのかを知り協調して仕事を行うために、話し合いを行うことが必要**です。話し合いをとおして、職員間、職員と教員が仕事上かかわり合っていることを認識し、職員が学校運営の土台を担っている感覚をもって仕事にあたれるようにします。

　とくに事務職員と技能職員（用務・調理）、職員室アシスタントはどの教員と仕事を共にするか、定まっていない職員です。つまり、多くの教職員と接するにもかかわらず学校のなかで人との結びつきを感じにくい職員であると言えます。そこで、これらの職員とは、教頭・副校長が定期的に話し合いの場をもち、教員と職員をつなぎ、校長の学校経営方針への理解を図る必要があります。

　事務職員と技能職員、教頭・副校長で学校環境整備・改善について１ヵ月〜１ヵ月半に一度を目安に話し合うと、仕事の見通しがつき、主体性や積極性と責任感が生まれてきます。そして教頭・副校長がリードして話し合いをすることで、自分たちは大切にされているという感覚も生まれ、所属感が高まります。教頭・副校長との信頼関係もでき、互いの真意が伝わりやすくなるはずです。私はこの**信頼関係を結ぶことこそが、教職員管理である**と考えます。少数派の職員の専門性を尊重し生き生きと働けるようにしていきましょう。

　また、職員室アシスタントのように、日々の出来事や外来者に対応することが中心の仕事を行っている職員とは、短時間でもよいので、毎日簡素な打ち合わせをすることが有効です。教頭・副校長が来客等の予定を伝えることで仕事に見通しをもつことができます。出来事に対してそのつど指示されて仕事をこなすと、人はないがしろにされていると感じます。「見通しをもつと主体性が生まれる」が好循環の種です。一粒の小さな種を大切にしましょう。

☑ 自己評価力とプライドを育てる！

　自治体や職種によっては、業務日誌をつけたり自己評価シートで業務や自己成長を振り返って記載したりすることが課せられていると思います。これらを活用して**それぞれの努力の様子や成長について伝えたり、ねぎらいの言葉を記したりして自己有用感を育むことも大切**です。

　職員は学校という組織のなかでは少数派。さらに、縁の下の力持ちであるため、職員の業務成果は目立たないことが多く、他の教職員と喜びを共有することも少ないものです。なかなか共感を得にくい目立たぬ仕事ぶりに教頭・副校長が気づいていてくれることは大きな支えであり、やりがいにつながります。

　またそれが日誌やシートへのフィードバックとして記録に残ることは、日々の声かけとは異なる意味をもちます。自分の努力や教頭・副校長から評価されたことなどを振り返って確かめることができるので、自分の成長や人とのつながりを深く感じることができます。

　そして、これらは指導・支援する管理職にとっても大切な記録となり、評価の根拠にもなります。適切な時期に自己目標に対しての振り返りを書き、面談で語ってもらいます。職員は自分が行った業務のよさと課題について語り、自己理解を深めていきます。本人が自己課題に気づくと、自己目標も明確となり、さらに自己評価が適正なものに近づき、こちらの伝えたいことの意味が理解できるようになります。

　これまでの**担任経験を生かして職員に自己課題への気づきを深めさせ、適切に自己評価する力を伸ばし、業務の価値を自ら評価できる職員を育てていきましょう**。それが実績に裏打ちされたプライドを育て、仕事の質を求める職員を育てることにつながります。

あなたの
チカラは
どのくらい？

教頭・副校長検定

全100問！

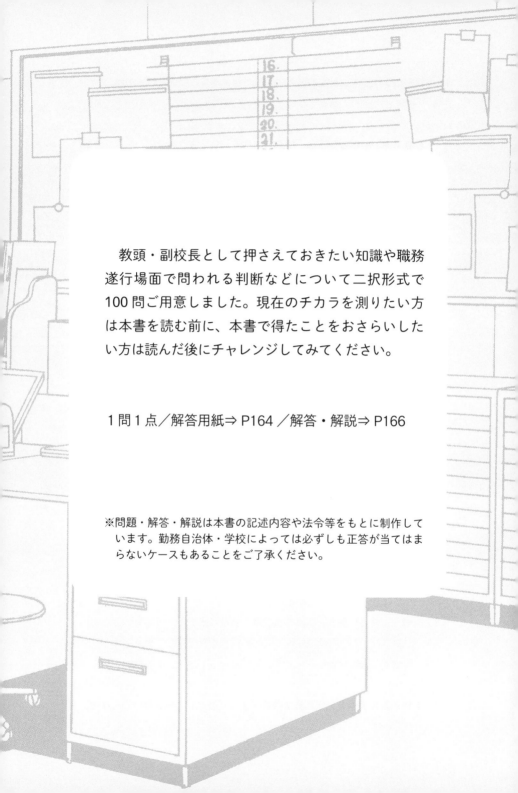

　教頭・副校長として押さえておきたい知識や職務遂行場面で問われる判断などについて二択形式で100問ご用意しました。現在のチカラを測りたい方は本書を読む前に、本書で得たことをおさらいしたい方は読んだ後にチャレンジしてみてください。

1問1点／解答用紙⇒P164／解答・解説⇒P166

※問題・解答・解説は本書の記述内容や法令等をもとに制作しています。勤務自治体・学校によっては必ずしも正答が当てはまらないケースもあることをご了承ください。

1. 校長の学校経営方針を教職員に正確に伝えるために何をしますか。
   A　校長と定期的に話をする　　B　学校経営方針を読み解く

2. 教職員間の調整の話し合いで双方の意見が食い違う場合はどうしますか。
   A　双方の意見をもとに教頭・副校長が方向性を決定する
   B　根拠となる事実をもとに三者で方向性を決定する

3. 校長を補佐するにあたって、まず何をすべきですか。
   A　子ども・教職員、学校課題について共通理解する
   B　校長の指示に従って業務を遂行する

4. 教職員と行う課題解決の打ち合わせの場で、校長に何を依頼しますか。
   A　課題解決方策の決定
   B　校長と教頭・副校長の共通理解内容の補足説明

5. 校長の補佐権を規定した法律はどれですか。
   A　学校教育法　　B　学校教育法施行規則

6. 教頭・副校長には校長の職務を代理・代行する権利が学校教育法に規定されています。代理する場合はどれですか。
   A　校長が停職・休職中　　B　校長が免職した場合

7. 教頭・副校長の働き方改革を進める前にしておきたいことは何ですか。
   A　管理職の理解者・協力者を増やす
   B　校長や教育委員会に相談する

8. 教頭・副校長の働き方改革でまず取り組むべきことは何ですか。
   A　全教職員で学校運営の課題と改善方針を共通理解する
   B　教職員の勤務時間を把握する

9. 学校運営の課題を全教職員で共通化するためにしておきたいことは何です

か。

A　指導と助言　　B　記録と調整

⑩ 教育公務員特例法の一部改正により、2023年4月から「校長及び教員ご
とに研修等に関する記録を作成」しなければならない主体はどれですか。

A　都道府県教育委員会　　　B　市町村教育委員会

⑪ 問10の法改正では「指導助言者は、校長及び教員に対し資質の向上に関
する指導助言等を行うものとする」こととなりました。県費負担教職員の場
合の指導助言者とはどれですか。

A　都道府県教育委員会　　　B　市町村教育委員会

⑫ 教育公務員特例法に定められた法定研修はどれですか。

A　教職員等中央研修　　　B　初任者研修

⑬ 「校長及び教員としての資質の向上に関する指標」を定める主体はどれで
すか。

A　都道府県教育委員会　　　B　文部科学大臣

⑭ 教員の研修は法律上、どのように規定されていますか。

A　義務規定　　　B　努力義務規定

⑮ 校内の組織をつくっていくにあたり、まず何を確認しますか。

A　組織の趣旨や目的が学校の課題解決に沿っているか

B　組織を構成する人員を確保できるか

⑯ 健全な組織を運営していくにあたり、どんなことに配慮しますか。

A　組織のリーダーを教頭・副校長が担う

B　組織のリーダー同士の連携をつくる

⑰ 「調和のとれた学校運営が行われるためにふさわしい校務分掌の仕組みを

整えるものとする」と規定した法律はどれですか。

A　学校教育法施行規則　　B　学校教育法施行令

(18) 学級編制の仕組みは、どの法規に規定されていますか。

A　義務標準法　　B　学校教育法

(19) 学級編制の人数に変更が生じた場合、どのような対応が必要ですか。

A　教育委員会に変更届をすぐに提出する

B　教育委員会に変更届を年度末に提出する

(20) 複式学級（2学級）は何人で構成されますか（1年生を含まない場合）。

A　小20人／中10人　　B　小16人／中8人

(21) 特別支援学級の学級編制の基本は何人ですか。

A　8人　　B　10人

(22) 児童生徒理解を進めるにあたり、子どものどのようなところを見ていきますか。

A　心理面・学習面・社会面・健康面・進路面・家庭面

B　精神面・学習面・社会面・体調面・進路面・家庭面

(23) 文部科学省の定義では、子どもが何日間登校しないと不登校の扱いとなりますか。

A　30日間　　B　20日間

(24) 子どもと連絡が取れない場合、何日間を目途に家庭訪問を行うことが望ましいですか。

A　3日間　　B　2日間

(25) 2016年に公布された不登校児童生徒等への支援等に関して規定した法律は何ですか。

A　社会教育法　　B　教育機会確保法

㉖ 子ども・保護者・教職員で生活指導上等の目当てや約束を決めていく際、どんな手法を取ることをアドバイスしますか。
A　スモールステップ　　　B　コーチング

㉗ 外部機関との連携で最も大切なことは何ですか。
A　所管業務の把握　　B　信頼関係の構築

㉘ 教育課程の充実・改善に取り組む前に何をしておきますか。
A　校長・教育委員会との学校課題等の共通理解
B　ミドルリーダーとの学校課題等の共通理解

㉙ 教育課程の充実・改善を図るにあたり、何を柱としますか。
A　子どもたちの課題解決
B　教職員の実践的指導力

㉚ 2019 年の働き方改革答申で業務の在り方に関する考え方として「学校行事の準備・運営」はどのように分類されていますか。
A　学校の業務だが、必ずしも教師が担う必要のない業務
B　教師の業務だが、負担軽減が可能な業務

㉛ 学習指導要領では、学校行事で児童生徒にどんなことを養うとしていますか。
A　公共の精神　　B　個性の伸長

㉜ 学校行事の実施計画について、担当者にどんなことをアドバイスしますか。
A　担任以外の教職員との連携と配慮がなされているか
B　児童生徒と担任が活動の中心となっているか

㉝ 配慮を要する子どもの様子の把握にあたり、教頭・副校長が状況把握をし

やすい場面はどれですか。

A 給食・昼食の時間、体育の時間

B 教室での授業の時間

㉞ 学校の施設・設備の安全点検について定めた法律はどれですか。

A 学校教育法　　B 学校保健安全法

㉟ 問34の法律に定める安全点検はいつ行わなければならないですか。

A 毎学期1回以上　　B 年度始めの1回

㊱ 学校を含む事業者が、常時勤務の労働者の心理的な負担の程度を把握するために、実施しなければならない検査はどれですか。

A メンタルヘルスチェック

B ストレスチェック

㊲ 校内巡視の際に心がけることは何ですか。

A 危機の未然防止　　B 週案どおりの授業になっているかの確認

㊳ 学校と家庭や地域住民等の相互の連携協力を規定した法律はどれですか。

A 学校教育法　　B 教育基本法

㊴ 保護者が「学級担任の指導について校長と話をしたい」と言ってきたときの基本対応は何ですか。

A 校長に事情を伝えて面談してもらう

B 教頭・副校長と担当者で面談する

㊵ 保護者の苦情に対する、教頭・副校長がもつべき心構えとして正しいものはどれですか。

A 「困っている」「学校や担任への期待」と捉える

B 「教職員や学校への誹謗中傷や攻撃の有無」を捉える

(41) 保護者対応にあたる教職員にどんな支援が望ましいですか。

A 教頭・副校長を含めたチームで支えること

B スクールソーシャルワーカーに相談させる

(42) PTA に関する情報共有を誰と行いますか。

A 校長と教務主任　　B 校長と事務主任

(43) PTA からの要望にどのように対応しますか。

A 即答は避け、事前に役員会で対応を決めておく

B これまでの経験を生かしてなるべく早く返答するようにする

(44) 地域への対応をするにあたり、最初に何をしますか。

A 地域との懇談会を開く

B 校内で多面的に情報収集する

(45) 地域対応は誰が行うべきですか。

A 教頭・副校長を統括者としたチームで

B 管理職（校長、教頭・副校長）のみで

(46) 地域連携活動に参加する教職員に対して事前にどんな支援をしますか。

A 地域連携における学校の役割を共通確認する

B 活動内容と集合時刻を知らせる

(47) コミュニティ・スクールはどの法律に規定されていますか。

A 社会教育法

B 地方教育行政の組織及び運営に関する法律

(48) 学校運営協議会を開催するにあたり、どんなことに留意しますか。

A 全教職員との情報共有

B 管理職とミドルリーダーとの役割分担を確認する

(49) 危機管理への捉え方で教職員と認識の違いが生じた場合、どうしますか。

A 考え方を正して指導する

B 考えの違いを認めて生かす

(50) 危機管理に取り組むにあたって何から始めますか。

A 全体研修 B 環境整備

(51) 職員室経営の目標を達成するにあたり、どんなことに取り組みますか。

A 教職員との共有体験をつくる

B 学年主任に現状を報告させる

(52) 教職員の意欲を高めるために、最も効果的だと思うことはどれですか。

A 実践の課題を的確に指摘し解決策を提示すること

B 教職員の思いや願い、考えを生かし実現させていくこと

(53) 学校における働き方改革の目的はどれですか。

A 子どもへの指導の充実 B 教職員の仕事力向上

(54) 2019 年の働き方改革答申で示された「基本的には学校以外が担うべき業務」はどれですか。

A 登下校に関する対応 B 部活動

(55) 文部科学省の指針で示された 1 か月の時間外在校等時間の上限はどれですか。

A 50 時間以内 B 45 時間以内

(56) 教職員の服務を規定した法律はどれですか。

A 地方公務員法 B 教育職員免許法

(57) 県費負担教職員の服務監督権者はどれですか。

A 都道府県教育委員会 B 市町村教育委員会

(58) **教職員に求められる身分上の義務はどれですか。**

A　職務専念義務　　B　信用失墜行為の禁止

(59) **守秘義務違反での刑事上の罰則規定はどれですか。**

A　1年以下の懲役又は50万円以下の罰金

B　2年以下の懲役又は30万円以下の罰金

(60) **教職員に求められる政治的行為の制限はどれですか。**

A　勤務時間の内外を問わない

B　勤務時間外に制限はない

(61) **懲戒処分はどれですか。**

A　戒告　　B　訓告

(62) **分限処分である病気休職の期間はどれですか。**

A　3年を越えない範囲内

B　1年を越えない範囲内

(63) **不祥事防止のため、教職員に関する情報を得るためにどうしますか。**

A　相談窓口をつくる　　B　複数の教職員から情報を得る

(64) **不祥事防止のためには教職員が安心して働ける環境づくりが欠かせません。何から取り組みますか。**

A　職員室の座席配置の検討

B　思いやりのある挨拶励行

(65) **教職員の懲戒処分等の基準はどこで定められていますか。**

A　文部科学省

B　都道府県・政令指定都市教育委員会

(66) **教職員の集団づくりはどの時期が最もよいですか。**

A　夏季休暇中　　B　年度初めの８週間

(67) 困難な学校課題にどう対応しますか。

A　校長の指示を待って対応する

B　自分から解決方策を示して対応する

(68) 教職員が努力している姿を把握したら、どうしますか。

A　人事評価の材料とする　　B　タイミングよく認め・励ます

(69) 授業観察では、どんなところに注目して観察をしますか。

A　授業者の話し方　　B　児童生徒の視線

(70) 授業観察を行う前にどんなことをしますか。

A　全教職員に目的や視点を周知する

B　全教職員にいつ見に行くか伝える

(71) 学年主任に学年運営の課題を伝えるとき、どうしますか。よりよい手段を選んでください。

A　直接話す　　B　メール

(72) 若手学年主任に宿泊行事の立案・計画を任せますか。

A　経験不足のため任せない

B　任せて支援・指導する

(73) 校務分掌の進捗状況を把握するために、組織のリーダーに何を作成させますか。

A　業務計画　　B　業務報告

(74) 教職員に仕事を任せる際、どんなことを大切にしますか。

A　仕事をとおして教職員が成長すること

B　教職員が仕事をすばやく遂行すること

(75) **教職員に仕事を任せる際、どんなことに留意して話をしますか。**

A　学校運営の目的に基づいた説明をする

B　自身の成功体験をもとに説明をする

(76) **教職員に任せた仕事のスケジュールをどのように管理していきますか。**

A　仕事完了日から逆算してスケジュールを３分割して調整する

B　仕事完了日から逆算して比較的閑散の期間を中心に調整する

(77) **人事評価はどのような評価で行われますか。**

A　能力評価と業績評価　　　B　能力評価と情意評価

(78) **県費負担教職員の人事評価を行う主体はどれですか。**

A　市町村教育委員会　　　B　都道府県教育委員会

(79) **人事評価は何から始めますか。**

A　期首面談　　　B　自己目標の設定

(80) **教職員の自己目標をどの観点から確認しますか。**

A　学校経営方針　　　B　学級・教科経営方針

(81) **教頭・副校長として、教職員一人一人に期待する役割を示していくにあたり、校長とまずどんなことをしますか。**

A　各分掌の活動内容の確認　　　B　学校課題の共通理解

(82) **人事評価の中間評価での面談を活用してどのように人材育成を図りますか。**

A　教職員自身の気づきを促し主体性をもたせる

B　課題解決への具体的方策を示し取り組ませる

(83) **教職員が保護者へ日ごろの連絡をとる際、伝え忘れてはいけないことは何ですか。**

A　子どものよい取組や成長の姿　　　B　子どもの課題

(84) 保護者対応が苦手な教職員をサポートするために、どんなことをしますか。

　A　チームで共通理解させ対応計画書を作成させる

　B　教頭・副校長がそのつど口頭で対応を指示していく

(85) 保護者対応が無事に終わったら、何をしますか。

　A　教職員に報告書を提出させる

　B　教職員と振り返りの機会をもつ

(86) 授業計画を立てるときや評価をする際、何にポイントを絞って授業者を指導しますか。

　A　授業展開　　B　板書

(87) 授業研究会にはどの段階から参加し、指導・助言を行いますか。

　A　学習指導案の検討時　　B　授業公開時

(88) 若手を指導するにあたり、何から始めますか。

　A　課題を指摘する　　B　よさをほめる

(89) 若手の自己有用感を適度に高めていくため、主として何をしますか。

　A　主体的に行った業務の振り返り

　B　責任ある仕事を任せて失敗から学ばせる

(90) ベテラン教員と協働する教職員はどの層がよいですか。

　A　若手　　B　中堅

(91) ベテラン教員を学校運営に参画させるため、どんな手立てをとりますか。

　A　校務分掌を任せる

　B　ベテランの得意分野を人材育成に生かす

(92) 法定化されている主任はどれですか。

　A　情報主任　　B　学年主任

(93) 2016年11月の教育公務員特例法の改正により規定された研修はどれですか。

A　10年経験者研修　　　B　中堅教諭等資質向上研修

(94) 主幹教諭の職務はどれですか。

A　校務の一部を整理する

B　教育指導の改善等のために指導・助言する

(95) ミドルリーダーを育成するため、校務分掌でどんな取組をさせますか。

A　チームでの勉強会や研修会　　　B　業務活動計画の作成

(96) 管理職志望者を増やすために教頭・副校長としてどうしますか。

A　教頭・副校長職を楽しみ仕事に取り組む姿勢を見せる

B　管理職選考試験のアドバイスをする

(97) 管理職の後進を育てるため、どの力の育成を重視しますか。

A　実践的指導力　　　B　調整力

(98) 教務主任や主幹教諭と行う週1回の定期的な打ち合わせで、どんなことを中心に話し合うよう助言しますか。

A　学校課題を捉えた話し合い項目の設定

B　月別行事予定の確認と進捗状況

(99) スクール・サポート・スタッフはどの法律に規定されていますか。

A　学校教育法施行規則　　　B　学校教育法施行令

(100) 非常勤講師、外国語指導助手、特別支援教育支援員などの学校職員の任用は、どのような制度のもと行われていますか。

A　会計年度任用職員制度　　　B　臨時的任用制度

解 答 用 紙

1問1点　　＊コピーしてお使いください

1		2		3		4		5	
6		7		8		9		10	
11		12		13		14		15	
16		17		18		19		20	
21		22		23		24		25	
26		27		28		29		30	
31		32		33		34		35	
36		37		38		39		40	
41		42		43		44		45	
46		47		48		49		50	
51		52		53		54		55	
56		57		58		59		60	
61		62		63		64		65	
66		67		68		69		70	
71		72		73		74		75	
76		77		78		79		80	
81		82		83		84		85	
86		87		88		89		90	
91		92		93		94		95	
96		97		98		99		100	

[点 数]

1回め　／　□　点

2回め　／　□　点

3回め　／　□　点

［得点指標］

100点〜80点：人材育成に重きを置いた学校運営に取り組まれ、
　　　　　　　教職員からの信頼度も高いと推察されます。先生
　　　　　　　の一言で救われている教職員がたくさんいると思
　　　　　　　います。ミドルリーダーの育成と組織的な人材育
　　　　　　　成を進められますよう期待しています。

79点〜60点：校長の方針に基づいて教頭・副校長としての職務に
　　　　　　　励んでいらっしゃると思います。日々の組織的な学
　　　　　　　校運営をとおして人材育成がなされるように今の
　　　　　　　組織・運営を見直し、改善していきましょう。全教
　　　　　　　職員が行う振り返りの視点に「人材育成」を加えて
　　　　　　　みるのもひとつの手です。

59点〜30点：教頭・副校長が重点を置くべき仕事は何か？　と悩
　　　　　　　んでいませんか。お茶を淹れて時折、校長とゆっく
　　　　　　　り話してみてください。悩みを少し話してもいいの
　　　　　　　ではないでしょうか。子どもへの指導で大切にして
　　　　　　　きたことを忘れずに人材育成にあたってください。
　　　　　　　実践経験を生かし、プライドをもって職務にあたり
　　　　　　　ましょう。

29点〜0点：教頭・副校長の第一歩を踏み出しているところかと
　　　　　　　思います。まずは初任者や若手教師の人材育成から
　　　　　　　始めてみましょう。将来どんな教師になりたいのか、
　　　　　　　どんな場面でやりがいを感じるのかなどを話題とし
　　　　　　　てその人の思いや願い、目標を捉え、主体性を引き
　　　　　　　出していきましょう。育ちが見えると楽しいですよ。

① A　P12-15 参照。学校経営方針の具体は校長の胸の内にあります。学校経営方針を読むだけではわからないことも。

② B　P12-15 参照。一方に正当性があったとしても即答は避けて双方の意見を聴取して解決を図ります。

③ A　P16-19 参照。何よりも学校を構成する子どもと教職員や課題について校長と共通理解しておくことが大事です。

④ B　P16-19 参照。校長からの説明を得ることで担当決定や方針が明確となります。

⑤ A　学校教育法 37 条 7 項。

⑥ A　代理する場合は「校長に事故があるとき」。校長が長期の海外出張中、病気休暇中、停職・休職中。代行する場合は「校長が欠けたとき」。校長が失職、死亡、退職、免職した場合。学校教育法 37 条 8 項。

⑦ A　P20-23 参照。管理職がどんな仕事をしているのか、職務内容を明確にして、教職員に理解させていくことが大切です。

⑧ A　P20-23 参照。教頭・副校長の働き方改革を進めるには、全教職員で学校運営を改善していく取組が欠かせません。

⑨ B　P20-23 参照。学校運営の課題への個々の受けとめは異なります。記録をとりながら調整を図って共通化していくことが重要です。

⑩ A　都道府県教育委員会などの任命権者が行います。教育公務員特例法 22 条の 5（2023 年 4 月施行）。

⑪ B　その他の校長及び教員の場合は任命権者となります。教育公務員特例法 22 条の 6（2023 年 4 月施行）。

⑫ B　教育公務員特例法 23 条。他に法定研修は、中堅教諭等資質向上研修（同法 24 条）、指導改善研修（同法 25 条）があります。

⑬ A　教育公務員特例法 22 条の 3。文部科学大臣は「校長及び教員としての資質の向上に関する指標の策定に関する指針」を定めなければならない（同法 22 条の 2）。指標は指針を参酌して定めるものとするとされています。

⑭ A　「学校の教員は、自己の崇高な使命を深く自覚し、絶えず研究と修養に励み、その職責の遂行に努めなければならない」（教育基本法 9 条）、「教育公務員は、その職責を遂行するために、絶えず研究と修養に努めなければならない」（教育公務員特例法 21 条）と規定されています。

⑮ A　P30-33 参照。学校における組織は、校務分掌ごとに学校教育目標達成に向かって学校の課題解決を果たすことを目的としています。

⑯ B　P30-33 参照。組織のリーダーにはミドルリーダーないし候補を充て、教

頭・副校長は活動を支援する側に回ります。そのうえで、組織のリーダー同士が連携する環境をつくります。

⑰ A　学校教育法施行規則43条。

⑱ A　義務標準法の正式名称は「公立義務教育諸学校の学級編制及び教職員定数の標準に関する法律」。

⑲ A　変更届は「遅滞なく」提出する必要があります（義務標準法5条）。

⑳ B　義務標準法3条。

㉑ A　義務標準法3条。

㉒ A　文部科学省『生徒指導提要（改訂版）』24頁参照。

㉓ A　文部科学省「児童生徒の問題行動・不登校等生徒指導上の諸課題に関する調査結果」より。不登校とは、何らかの心理的、情緒的、身体的、あるいは社会的要因・背景により、児童生徒が登校しないあるいはしたくともできない状況にある者（ただし、病気や経済的理由、新型コロナウイルスの感染回避によるものを除く）をいう。文科省調査では、不登校は、病気や経済的理由などの長期欠席者（年度間に30日以上登校しなかった児童生徒）の理由のひとつとなっています。

㉔ A　P38-41参照。「3日間の習慣」をつけていくことが大事です。

㉕ B　教育機会確保法の正式名称は「義務教育の段階における普通教育に相当

する教育の機会の確保等に関する法律」。同法等を踏まえた文部科学省通知「不登校児童生徒への支援の在り方について」では、「不登校児童生徒への支援は、『学校に登校する』という結果のみを目標にするのではなく、児童生徒が自らの進路を主体的に捉えて、社会的に自立することを目指す必要がある」としています。

㉖ A　P38-41参照。小さな「できた」を積み重ねていくことが重要です。

㉗ B　P42-45参照。オンライン化は進みましたが、できる限り対面でのコミュニケーションを取っていくのが望ましいです。

㉘ B　P46-49参照。教育課程の充実・改善をする主体は教職員となりますので、教職員をまとめるミドルリーダーと事前に共通理解しておくことが重要です。

㉙ A　P46-49参照。教育課程の充実・改善は子どもたちの課題解決と学校教育目標が出発点です。

㉚ B　負担軽減が可能な業務としては、他に「給食時の対応」「授業準備」「学習評価や成績処理」「進路指導」「支援が必要な児童生徒・家庭への対応」があります。

㉛ A　「よりよい学校生活を築くための体験的な活動を通して、集団への所属感や連帯感を深め、公共の精神を養いながら」特別活動の目標に掲げる資質・能力を育成することをめざすと示されています。

㉜ A　P50-53 参照。学校行事をとおしてチーム力向上を図ることは重要なポイントです。また、外部関係者との連携も大切です。

㉝ A　P54-57 参照。ポイントを絞って観察することが大事です。

㉞ B　学校保健安全法 27 条、同法施行規則 28・29 条。

㉟ A　毎学期 1 回以上のみならず、必要があるときは臨時に安全点検を行うものとされています（学校保健安全法施行規則 28 条）。

㊱ B　医師・保健師等によって実施されます。労働安全衛生法 66 条の 10。

㊲ A　P54-57 参照。教頭・副校長の校内巡視は子どもだけでなく、施設・設備や教職員の様子なども対象となります。

㊳ B　教育基本法 13 条。「学校、家庭及び地域住民その他の関係者は、教育におけるそれぞれの役割と責任を自覚するとともに、相互の連携及び協力に努めるものとする」と規定されています。

㊴ B　P58-61 参照。校長の面談の前に、教頭・副校長と担当者での対応が基本となります。

㊵ A　P58-61 参照。学校に無理難題を押しつける苦情なのか、学校によくなってもらいたい一心で苦情を伝えているのかを見極めることが大事です。

㊶ A　P58-61 参照。保護者対応はチームで対応していくことが基本です。教職員の心理的安全性を確保することが重要です。

㊷ A　P62-65 参照。PTA 役員会で書記を務める教務主任とも情報を共有します。

㊸ A　P62-65 参照。安易な返答はトラブルの元となりますので、事前に PTA 役員会で決定した手順に則って対応するようにします。

㊹ B　P66-69 参照。校長・ミドルリーダー・教職員から地域に関する情報を得ていくことが鉄則です。

㊺ A　P66-69 参照。組織で対応していくことが基本です。教頭・副校長は組織の統括者としての役割を果たします。

㊻ A　P66-69 参照。地域連携活動の意味・役割を明確にしておきます。なお、社会教育法に規定される地域学校協働活動推進員は「地域学校協働活動の円滑かつ効果的な実施を図るため」教育委員会が委嘱します。

㊼ B　地方教育行政の組織及び運営に関する法律（地教行法）47 条の 5。コミュニティ・スクール制度は 2004 年度から始まり、2017 年度に学校運営協議会の設置が努力義務化されました。

㊽ A　P70-73 参照。学校運営協議会開催にあたり、全教職員との情報共有は、教職員の主体者意識を育て、学校運営にも自分事として取り組ませるためにも重要なことです。

(49) B　P74-77参照。他者の捉え方を生かすことで未然防止につなげます。

(50) B　P74-77参照。まずは職員室の自席周辺の整理整頓から始めます。

(51) A　P80-83参照。教頭・副校長として、教職員一人一人にかかわっていく機会をつくることが大事です。

(52) B　P80-83参照。教職員の思いや願い、考えを生かし実現させていく方が効果的です。実践の課題を指摘すること自体はよいのですが、解決策を提示してしまうのは教職員の成長につながりません。

(53) A　P84-87参照。Bの仕事力向上も重要な課題ですが、働き方改革の最大の目的は「子供たちに対して効果的な教育活動を行うこと」です。

(54) A　部活動は「学校の業務だが、必ずしも教師が担う必要のない業務」と示されています。

(55) B　文部科学省「公立学校の教育職員の業務量の適切な管理その他教育職員の服務を監督する教育委員会が教育職員の健康及び福祉の確保を図るために講ずべき措置に関する指針」を参照。

(56) A　地方公務員法30条～38条を参照。他に服務の根本基準として日本国憲法15条、教育基本法9条があります。

(57) B　地方教育行政の組織及び運営に関する法律43条。都道府県教育委員会は県費負担教職員の任命権を有します(同法37条)。

(58) B　身分上の義務は他に「守秘義務」「政治的行為の制限」「争議行為等の禁止」「営利企業への従事等の制限」があります。職務上の義務は「服務の宣誓」「法令等及び上司の職務上の命令に従う義務」「職務専念義務」の3つです。

(59) A　地方公務員法60条。

(60) A　地方公務員法36条。公務員としての身分を有する限り、勤務時間の内外を問いません。教育公務員の政治的行為の制限は、地公法36条の規定にかかわらず、国家公務員の例によります（教育公務員特例法18条、国家公務員法102条、人事院規則14－7）。

(61) A　地方公務員法29条。懲戒処分には、他に減給、停職、免職があります。訓告は、服務監督権者が、職員の職務遂行に対して注意を喚起し、その改善・向上と規律維持を主たる目的とする措置です。

(62) A　地方公務員法28条。休養を要する程度に応じて任命権者が定めます。

(63) A　P92-95参照。主幹教諭等を窓口に充て、教職員の情報を得ていきます。

(64) B　P92-95参照。挨拶で心の安全性を高めて安心できる環境としていきます。

(65) B　懲戒処分の事由は地方公務員法29条に規定されています。①法律・条例・自治体の規則・規程に違反した場合、②職務上の義務に違反した場合、③職務を怠った（職務怠慢）場合、④全体の奉仕

者たるにふさわしくない非行のあった場合です。

㊻ B　P96-99 参照。年度初めの８週間がその後の成否を左右します。

㊼ B　P96-99 参照。自ら課題に迅速に取り組む教頭・副校長の考え方や姿勢が教職員の信頼につながります。

㊽ B　P96-99 参照。まずは認め・励ますことです。その方法は個々に応じて直接・間接さまざまです。

㊾ B　P100-103 参照。他には「板書」と「教師の立ち位置」に注目します。

㊿ A　P100-103 参照。あらかじめミドルリーダーに目的や視点を伝え、理解を得たうえで全教職員に周知します。事後指導を含め効率的・効果的に実施できるようになります。

(71) A　P104-107 参照。直接話すことをお勧めします。文字で伝えるときは誤解を招かないよう、内容等を吟味してください。

(72) B　P104-107 参照。若手学年主任には、立案・計画時から教頭・副校長がサポートすることが大切です。

(73) A　P104-107 参照。報告も大事ですが、まずは計画です。

(74) A　P108-111 参照。仕事を任せることも人材育成の機会となります。

(75) A　P108-111 参照。学校運営と関連させて話すことで教職員の主体性を伸ばせます。

(76) A　P108-111 参照。教頭・副校長による支援だけでなく、既存の組織や主幹教諭、教務主任などによる組織的支援も大切です。

(77) A　地方公務員法６条。

(78) A　地方教育行政の組織及び運営に関する法律44条。教員の評価者は教頭・副校長、校長が担います。

(79) B　P112-115 参照。教科指導、教科外指導、校務分掌などの仕事内容ごとに自己目標を立てます。

(80) A　P112-115 参照。教職員の自己目標は校長の学校教育目標の達成に向けた学校経営方針とすり合わせていくことが大事です。

(81) B　P116-119 参照。教職員と共通理解を進める前に、校長と打ち合わせておくことが大事です。

(82) A　P116-119 参照。面談で話を聞き取りながら、教職員が自分の取組のよさや課題に気づき、主体的に具体的解決策を模索していけるようにすることが大切です。

(83) A　P122-125 参照。保護者は子どもに関する学校からの知らせは悪い知らせだと思っているものです。よい知らせを伝えて、教職員に保護者との信頼関係をつくらせていきましょう。

⑧④ A　P122-125 参照。教職員を育てるという観点からも、チームで問題解決イメージを話し合わせ、共通理解し、対応計画書をつくっていくことが大事です。

⑧⑤ B　P122-125 参照。報告は口頭で十分です。計画書をもとに振り返り、よかった取組と課題を語らせ、教職員の成長につなげます。

⑧⑥ B　P126-129 参照。板書には問題提示から解決に至るまでの思考が示されています。振り返りや指導に有効な情報です。

⑧⑦ A　P126-129 参照。学習指導案の検討から参画して、授業者の意向を踏まえながら指導・助言していきます。

⑧⑧ B　P130-133 参照。まずはほめることで若手の自己有用感を高めます。そのうえでじっくりと話を聞くことが大事です。

⑧⑨ A　P130-133 参照。教頭・副校長や主幹教諭等と共に振り返る機会を設けて、若手に自信をつけさせていくことが大切です。

⑨⓪ A　P134-137 参照。経験の少ない若手と協働させることでお互いにいい影響を与えることができます。

⑨① B　P134-137 参照。校務分掌の主任などを好まないベテランもいますので、得意分野を生かして若手の人材育成にあたってもらうことがよいでしょう。

⑨② B　学校教育法施行規則 44 条（教務主任、学年主任）、45 条（保健主事）、45 条の２（研修主事）、46 条（事務主任）、70 条（生徒指導主事〈中学校〉）、71 条（進路指導主事〈中学校〉）。

⑨③ B　教育公務員特例法 24 条。ミドルリーダーとして職務を遂行するうえで発揮することが求められる能力の向上を図るための研修です。

⑨④ A　学校教育法 37 条９項。Ｂは指導教諭の職務（同条 10 項）。

⑨⑤ B　P138-141 参照。業務活動計画の作成を通じて、ミドルリーダー自身のコーチングスキル向上やチーム内の教職員への OJT を図ることができるようになります。

⑨⑥ A　P142-145 参照。「教職員のあこがれ」的存在となることが大事です。

⑨⑦ B　P142-145 参照。多様な他者等とのかかわりをもつことになる教頭・副校長には調整力が欠かせません。

⑨⑧ A　P142-145 参照。管理職の「後進」を育てるには、打ち合わせの機会などを活用して広い視野から学校課題を捉え、解決策を探る考え方を養っていきます。

⑨⑨ A　「教員業務支援員」として規定されています（65 条の７）。

⑩⓪ A　従来、特別職の任用としてされてきましたが、2020 年度より一般職の会計年度任用職員となり、地方公務員法が適用されるようになりました（一部適用除外あり）。

おわりに
学校づくりとは教職員を守り育てること

「副校長（教頭）先生は学校の中で一番忙しい人です」。

私は副校長時代、さまざまな来校者からこのようなねぎらいの言葉を幾度となくかけていただいていました。令和の現在も教頭・副校長は多忙を極めていますし、昔より多忙感が増していると思います。それは扱う仕事や対応する人が多種多様なことに起因しています。

子どもの落とし物を預かることから始まり、子どもへの適切な指導、戸締りの確認、校内の施設・設備と給食食材・調理の安全管理、子どもと教職員の健康安全管理、公金・準公金の適正な執行、教職員の服務管理、人事、地域対応、保護者対応、PTA対応……、枚挙に暇がありません。

昨今の社会や家庭状況の大きな変化は、子どもの心身の成長に深く影響を及ぼしています。学校・地域・行政等が一体となって家庭の教育力を広範にわたって支えていくことが不可欠な状況にあり、子どもの健やかな成長のためにどうしてもなさねばならない「見えない仕事」が急速に増えています。そのため、学校運営のすべてを束ね、調整、支援・指導を担う教頭・副校長の業務はより多岐にわたり、平易なものばかりではないどころか、なかには困難を極めるものもあるでしょう。そうした業務の多様さ・複雑さが教頭・副校長を「学校のなかで一番忙しい人」たらしめていると言えます。

＊　　＊　　＊

読者の皆さんは、これから教頭・副校長になる方や、なってからまだ日が浅い方が多いかと思います。「むずかしい仕事だ」「大変な仕事だ」という言葉は耳にタコができるほど聞き、不安に思っている方もいらっしゃるかもしれません。

しかし、皆さんなら大丈夫です。本書で繰り返しお伝えしてきたように、皆さんには学級経営や教科経営などをとおして多くの子どもたちの成長を促してきた豊かな経験があります。これまで歩まれてきた道で得たすべての経験を活用すれば、周囲の人と自分自身を生かして育てることが

できるはずです。そして、今もこれまでも多くの方に囲まれて仕事をし、多くの支援者を得ているはずです。

たとえば、教科研究を追求してきたのであれば、児童生徒理解を基盤とした教科指導を柱にする学校運営はイメージしやすいと思います。また、児童生徒指導の専門性を磨いてきたのならば、教育活動すべての基盤となる児童生徒理解は汎用性が高いため、学校運営の基礎固めをしながら人材育成ができます。

このように学級経営などで実践してきたことを教職員集団に置き換えて、自信をもって組織的・計画的に取り組んでください。業務（＝活動）をとおして教職員（＝子ども）一人一人の力をどう伸ばしていくかを考えましょう。教頭・副校長の仕事すべてに人材育成の視点を張り巡らせます。教師の力が向上すると学校力、教育力が上がります。書名にもあるとおり「学校づくりは人づくり」。学校をつくることは教職員を育てることなのです。

＊　　＊　　＊

私たちは管理職の言うことをよく聞く教職員を育てているわけではありません。問題解決に向けて自分で考え、他者の協力を得ながら自ら行動し、自他の評価に基づいてさらに質の高い仕事に向かう意欲ある教職員を育てているのです。

ですから、意見の相違に悩むこともあるかもしれません。そんなときは他の教職員に相談してみてください。きっと新たな視点に気づいて考え方を拡張する機会となるはずです。学級担任のときもそうであったように、相手を育てることにより自分が成長できるのです。

そして誰からでも学ぼうとする教頭・副校長の姿や平らかな心は、教職員の成長を促し、心を平らかにしていきます。このことが信頼感を醸成していくのではないでしょうか。

集団の中で人を育てるには、一人一人が安心できる居場所があることが前提です。その場にいると気持ちが安定する、共感してくれる人がいる、自分のありようを受けとめてくれるといった感覚です。集団の価値基準をつくるのが「職員室の担任」である教頭・副校長です。

80‐83頁でも述べたとおり、望ましい集団をつくるには、担任と子ど

もたちで教室環境を整える必要があるのと同じように職員室環境も整える必要があります。一人一人が大切にされ、安心して過ごせるように清潔で整理整頓され、落ち着ける空間にする必要があります。安心できる空間でこそ、教職員の心の環境も整ってきます。それは努力が認められ、挑戦が大いに推奨され（心と命にかかわることは別として）、失敗しても受けとめてもらえる主体性と寛容性を併せもつ環境です。

　なぜ環境を整えるのか、なぜチーム対応や協働するのかを教職員一人一人の尊重と成長に視点を置いてぜひ全教職員にしっかり伝え、価値を共有してください。そして、安心・安全なひと・もの・ことの環境は全教職員でつくっていくものであることも繰り返し伝えていってください。

＊　　＊　　＊

　さらに加えておきたいのは、言語を整えることです。今、教育現場にはかつてないほど心ある言葉が求められています。皆さんの学校はいかがですか。子どもたちの手本となる言語環境をつくれているか、話し合う機会を設けてみてはいかがでしょうか。

　言葉は考えをつくり、生活をつくり、文化をつくります。学校が、互いを敬う品位や品格のある文化を体験でき、体験をとおして適切な言語を学べる場となることで、子どもと教職員の良心をつくることにつながります。学級でもそうであったように、心ある人が黙って耐えていることにも目を向けて、誰もが安心して自分の力を伸びやかに発揮できるよう互いに心配りをしてほしいと思います。

　心配りとは相手の立場に立って考え行動することです。そして、相手を思い、相手の心に寄り添うことです。黙って耐えている人を一人にすることなく、「何かお困りですか？」と声をかけられる教職員を育ててほしいと願っています。

＊　　＊　　＊

　学校の要（かなめ）は教頭・副校長であると言われますが、これはまさに人材育成の要が教頭・副校長であるということにほかなりません。「はじめに」でもお伝えしたように、学校の人材育成は、日本の国をつくる礎となります。その重責を果たすには、ご自身がリラックスすることが大切です。力を十分発揮して人を育てるには、さまざまなことを一度自分の心身を

とおして考える必要があります。それには他者の考えや思い、言動を収める場所＝余裕が必要です。

　問題解決に心血を注いで誠心誠意対応しているときは、「人材育成は目の前の問題が落ち着いてから」という気持ちになることもあるでしょう。そんなときは、日々の生活のなかで見つけたお気に入りの景色が見える場所で一度立ち止まってみてください。そして大きく１回、息を吐いてください。その後ゆっくり５回深呼吸をします。落ち着いたらご自身の仕事が子どもたちの将来、教職員の将来、そして日本の将来とどうつながっているのかと頭の中を整理します。すると、すべてが学級担任のときに考えていたことにつながります。

　教頭・副校長の仕事は教職員の成長を促すためであり、教職員の成長が子どもたちの望ましい成長には欠かせないことに気づくはずです。それに気づいたとき、おのずと心身に余裕が広がっていきます。

＊　＊　＊

　教頭・副校長は、教職員の心の拠りどころです。教頭・副校長がさまざまな困難を抱える教職員の気持ちを理解し、望ましい方向に気づきを与え導く光となることで、教職員は問題解決に向かうエネルギーを回復していきます。ぜひとも教頭・副校長先生お一人お一人がプライドをもって、教職員一人一人を守り育てる使命を果たしていただけますよう衷心より願っています。

　まずは教職員一人一人に「元気？」「困っていることない？」と声をかけることから始めてみてください。

＊　＊　＊

　最後になりますが、月刊『教職研修』での連載を担当していただいた教育開発研究所の得重亜紀子さん、単行本化にあたりご尽力いただいた大沼和幸さん、大石龍太郎さん、そして編集部の皆様に感謝いたします。教育現場における人材育成の果たす社会的役割や重要性に対する私の考えを尊重してくださり、心よりお礼申し上げます。

2023 年 3 月
野口みか子

[著者紹介]

野口みか子 のぐち・みかこ

全国公立学校教頭会顧問／元横浜市公立小学校長

　横浜市公立小学校教諭、副校長を経て校長を経験。全国公立学校教頭会副会長、顧問を歴任。校長退職後の現在、新任教員の指導員を務めている。学校の在り方が問われる昨今、不易に着目した学校経営を重視している。多様性を認め、発育・発達を含む多面的子ども理解に基盤を置いた実践や、学校にかかわるすべての人の思いや願い、つながりを重視する学校文化を後進に伝え、将来の管理職を育成すべく、日々現職教員と向き合っている。子どもの脳を発達させる自然体験活動の在り方を学ぶ会を主宰している。

教職員が育つ 学校づくりは人づくり

教頭・副校長が必ず押さえておきたいポイント

2023年3月1日　初版発行

著　者……………野口みか子

発行者……………福山孝弘

発行所……………株式会社教育開発研究所

　　　　　　　　〒113-0033　東京都文京区本郷2-15-13

　　　　　　　　TEL：03-3815-7041（代）　FAX：03-3816-2488

　　　　　　　　URL：https://www.kyouiku-kaihatu.co.jp

　　　　　　　　E-mail：sales@kyouiku-kaihatu.co.jp

　　　　　　　　振替　00180-3-101434

デザイン＆ＤＴＰ…shi to fu design

編集担当……………大沼和幸・大石龍太郎

印刷所………………中央精版印刷株式会社

Printed in Japan　© 2023 Mikako Noguchi

ISBN 978-4-86560-568-6　C3037

落丁・乱丁本はお取り替えいたします。定価はカバーに表示してあります。